TSCHECHISCHE REPUBLIK

- Besonders Interessantes ist mit dem Berlitz-Symbol ✓ gekennzeichnet
- Praktische Informationen von A–Z finden Sie ab Seite 115
- Übersichtskarten zum Ausklappen und im Text erleichtern Ihnen die Reiseplanung

Copyright © **1996** by Berlitz Publishing Co. Ltd, Berlitz House, Peterley Road, Oxford OX4 2TX, Großbritannien.

Alle Rechte vorbehalten, insbesondere der Vervielfältigung und Verbrei-tung sowie Übersetzung. Ohne schriftliche Genehmigung des Verlags ist es nicht gestattet, den Inhalt dieses Werkes oder Teile daraus auf elektronischem oder mechanischem Wege (Fotokopie, Mikrofilm, Ton- oder Bildaufzeichnung, Speicherung auf Datenträger oder ein anderes Verfahren) zu reproduzieren, zu vervielfältigen oder zu verbreiten.

Berlitz ist ein beim U.S. Patent Office und in anderen Ländern eingetragenes Warenzeichen – Marca Registrada.

Printed in Switzerland by Weber SA, Bienne.

1. Auflage 1996

Alle Informationen in diesem Reiseführer sind sorgfältig recherchiert und überprüft worden, erfolgen aber ohne Gewähr. Der Verlag kann für Tatsachen, Preise und allgemeine Angaben, die fast ständig von Änderungen betroffen sind, keine Verantwortung übernehmen. Berlitz Reiseführer werden regelmäßig auf den neuesten Stand gebracht, und die Redaktion ist für Berichtigungen, Hinweise und Ergänzungen dankbar.

Text:	Neil Wilson
Deutsche Fassung:	Eike Hibbett
Fotos:	Neil Wilson
Gestaltung:	Paula Wilson
Kartografie:	Visual Image
Umschlagfoto:	*Český Krumlov*
Foto auf Seite 4:	*Kloster von Vyšší Brod in Böhmen*

INHALT

Tschechien und die Tschechen 5

Geschichte 11

Sehenswertes 23
Prag 25; Tagesausflüge von Prag 40;
Westböhmen 45; Südböhmen 55;
Nord- und Ostböhmen 81; Mähren 90;
Bratislava 98

Hotel- und Restaurantempfehlungen 65

Was unternehmen wir heute? 101
Einkaufsbummel 101; Unterhaltung 103; Sport 107

Essen und Trinken 109

BERLITZ-INFO 115

Register 140

Auf einen Blick
Geschichte 13; Sehenswertes 24;
Architekur 32; Museen und Galerien 39;
Veranstaltungskalender 106

Karten
Tschechische Republik 115

Tschechien und die Tschechen

Diese kleine Nation am Schnittpunkt der Straßen Europas hat es trotz Kriegen, trotz Unterdrückung und kaiserlicher Oberherrschaft stets verstanden, ihre Identität zu wahren. Nach den Veränderungen von 1989/90 hat sie sich zu einem der erfolgreichsten und zukunftsorientiertesten Länder des ehemaligen Warschauer Paktes entwickelt.

Mit einer Fläche von 78 700 km² ist die Tschechische Republik, zu der auch die alten tschechischen Länder Böhmen und Mähren gehören, nicht viel größer als Bayern. Umringt wird das Land im Westen und Nordwesten von Deutschland, im Norden und Nordosten von Polen, im Osten von Slowakien und im Süden von Österreich. Die Grenzen werden zumeist von dicht bewaldeten Hügelketten gebildet, die auch zwei bedeutende Flußebenen umschließen, nämlich im Westen das böhmische Becken mit den Flüssen Vltava (Moldau) und Labe (Elbe), die sich treffen und dann nach Norden durch Deutschland in die Nordsee fließen, und das mährische Becken, durch das die Morava (March) ihre Wasser nach Süden der Donau zuführt, wo sie westlich von Preßburg mündet.

Die Berge um Tschechien sind voller Bodenschätze, die von den Tschechen seit vielen Jahrhunderten gewinnträchtig ausgebeutet wurden. Die Silberbergwerke von Kutná Hora machten Böhmen im 14. Jh. zu einem der wohlhabendsten Königreiche Europas. (Der Prager Groschen gehörte zu den stärksten Währungen der damaligen Zeit.) Graphit aus den Bergen Südböhmens ist seit dem 19. Jh. weltweit als das »Blei« in den berühmten *Koh-i-noor*-Markenbleistiften exportiert worden. Weitaus bedeutender sind jedoch die Kohlebergwerke von Chomutov und Ostrava sowie Blei-, Zink-, und Zinnvorkommen der *Jeseníky hory* und *Krušné hory* (wörtlich Erzgebirge), die die Gegend Ende des 19. Jh. innerhalb des Österreichisch-

Tschechien und die Tschechen

Ungarischen Kaiserreiches in ein erfolgreiches Industriezentrum verwandelten.

Zu Böhmens industrieller Hinterlassenschaft zählen einige der schlimmsten Umweltschäden in Mitteleuropa, die sich glücklicherweise auf die Schwerindustriegebiete am nördlichen Randstreifen des Landes beschränken. Anderswo ist die tschechische Landschaft ein Bild von ruhigen Feldern und Wäldern, die von Flüssen durchzogen und mit vielen reizenden Städtchen übersät sind.

Die größte Anziehungskraft auf die Besucher der Tschechischen Republik übt wohl der unendliche historische und architektonische Reichtum seiner Bauten aus: Überall findet man gotische Kirchen, Renaissance- und Barockschlösser, und das nicht nur in der Hauptstadt Prag, sondern auch in den Kiefernwäldern der Berge. Städtchen und Städte mit ihrem mittelalterlichen Kern sind weitgehend erhalten geblieben. Ausgiebige Restaurierungen lassen viele der historischen Gebäude des Landes wieder in ihrer alten Pracht erstrahlen.

Doch wo soll man in einem Land, das 1800 Schlösser aufzuweisen hat, mit der Besichtigung anfangen? Am besten gleich in der Nähe von Prag mit dem prächtigen Landsitz und Zufluchtsort König Karls IV. in Karlstein und dem Jagdschloß des Habsburger Erzherzogs Franz Ferdinand in Konopiště. Schreiten Sie anschließend durch die holzgetäfelten Hallen der nahegelegenen

Ob Jazz, klassische oder Volksmusik – den Tschechen liegt Musik ganz einfach im Blut.

Burg Bouzov, dem Sitz der Hochmeister des Deutschen Ritterordens, oder bewundern Sie den Prunk des Schlosses Vranov, einem Meisterwerk des Barock, das hoch auf einem Felsvorsprung an den südlichen Ausläufern Mährens steht. Besonders schöne Beispiele der Architektur des 19. Jh. gibt es im Westen des Landes, in den berühmten Kurorten Karlovy Vary (Karlsbad), Mariánské Lázně (Marienbad) und Františkovy Lázně (Franzensbad) zu bewundern.

Die tschechische Landschaft ist vor allem lieblich und pastoral, (wie geschaffen zum Radfahren), es gibt aber auch wildere Gegenden, z.B. in Nord- und Ostböhmen, wo Wind und Wasser im Laufe der Zeit die Sandsteinfelsen abgetragen und ein Wunderland von kannelierten, hoch herausragenden und steil abfallenden Schluchten entstehen lassen haben. Das Kalkstein-Plateau des Mährischen Karsts wurde dagegen unterirdisch aufgelöst und von Bächen und Rinnsalen durchzogen, wodurch eine echohallende Unterwelt aus

*E*legante Barockbauten wie die Loreta in Prag zieren viele tschechische Städte.

Stalagmiten und Stalagtiten gebildet wurde. Solche Gegenden sind Tummelplätze der Sportfans: Wandern im Šumava (Böhmerwald), Kanufahren auf den oberen Flußläufen der Moldau und Wotawa, Klettern an den schwindelerregenden Felsen der Gegend um Adršpach-Teplice oder Skilaufen in den Krkonoše-Bergen (Riesengebirge).

Tschechien und die Tschechen

Auf keinen Fall kommt man um Prag herum, das Juwel Tschechiens und eine der schönsten und romantischsten Städte Europas überhaupt. Die Hauptstadt ist ein Fantasiegebilde aus Märchenpalästen und gotischen Spitztürmen, die sich in den stillen Wassern der Moldau widerspiegeln. Die mittelalterlichen Straßen Prags sind ein Irrgarten voller Antiquitätenläden und Bierkeller, und der Laurenziberg (*Petřín*) bietet eine herrliche Aussicht auf die Umgebung. Eine Dampferfahrt, ein Abendessen in einem traditionellen Restaurant, gefolgt von einem Opern- oder Konzertbesuch sollten nicht ausgelassen werden. Prag hat eine lange kulturelle Tradition, Mozarts *Don Giovanni* und Mahlers 7. Sinfonie wurden hier uraufgeführt, und auch Beethoven, Berlioz, Paganini, Tschaikowsky, Wagner

In den dicht bewaldeten Hügeln und Hainen Böhmens läßt es sich herrlich ausspannen.

Tschechien und die Tschechen

und Liszt zog es nach Prag. Die großen tschechischen Komponisten Dvořák, Smetana und Janáček haben hier gewirkt, und die Tschechische Philharmonie erfreut sich weltweiten Ruhmes.

Schriftsteller haben von jeher eine wesentliche Rolle in der tschechischen Geschichte gespielt, ganz gleich, ob es sich um einen religiösen Reformator (Jan Hus) oder einen zeitgenössischen Dramatiker (Václav Havel), der Präsident der Republik wurde, handelt. Das wohl bekannteste und beliebteste literarische Werk ist der Roman *Die Abenteuer des braven Soldaten Schwejk während des Weltkrieges* von Jaroslav Hašek über einen »für blödsinnig erklärten« Soldaten, dem es immer wieder

Tschechien und die Tschechen

gelingt, der Bürokratie ein Schnippchen zu schlagen. Der deutschschreibende Franz Kafka wurde in Prag geboren, Ivan Klíma ebenfalls, und Milan Kundera stammt aus Brünn, lebt heute aber in Paris.

Das hochentwickelte Gefühl der nationalen Identität der Tschechen ist nicht zuletzt in der tschechischen Sprache zu suchen. Diese slawische Sprache hat ihren Ursprung im Altertum und ist eng mit Slowakisch und Polnisch verwandt. Literarische Anfänge gehen auf das 14. Jh. zurück, als am Hof der Přemysl-Könige eine große Anzahl epischer Gedichte, Dramen, Geschichten und religiösen Aufzeichnungen entstanden.

Von der fast 10,5 Mio. betragenden Gesamtbevölkerung lebt etwas über ein Zehntel in Prag. 95% davon sind Tschechen, 3% Slowaken, die restlichen 2% werden von den Minderheiten polnischer, deutscher, ungarischer und romanischer (Zigeuner) Abstammung gebildet. Als Einwohner eines der wenigen Ostblockländer mit starker demokratischer Tradition sind die Tschechen ein Volk von Individualisten, die sich einen ausgeprägten Sinn für Höflichkeit und gute Manieren im Stil der alten Zeit bewahrt haben. So ist es normal, daß selbst ein »Tramp« einem älteren Menschen in der Bahn seinen Platz anbietet. Auch die berühmte tschechische Gastfreundschaft wird noch gepflegt.

Der heutige Besucher kann sich auf die Spuren des braven Soldaten Schwejk begeben, indem er seine Lieblingskneipe, in der der Roman beginnt, aufsucht. Das *U Kaliche* (Zum Kelch) in Prags Nové Město (Neustadt) gibt es immer noch, ist aber inzwischen ein betriebsames Touristenrestaurant.

Das tschechische Bier hat seinen Ruf als das beste Bier der Welt sicher verdient – seit 1295 wird in Pilsen gebraut, und das Pilsner Urquell ist nach wie vor unübertroffen. Erheben Sie also Ihr Glas und stoßen Sie an, auf Schwejk, das tschechische Bier und eines der schönsten und faszinierendsten Länder Europas – *Nasdraví!*

Geschichte

Die lange und oft blutige Geschichte vor allem Prags liest sich wie die zickzackartig verlaufende Fieberkurve eines Kranken mit ständig wechselndem Befinden. Wenn die Sterne ungünstig standen, ging es eben lang und tief bergab, in guten Zeiten dagegen erlangte Prag wahre Größe. Herausragende Persönlichkeiten wie Wenzel der Heilige, Kaiser Karl IV., Jan Hus und die Mitglieder der Familie Habsburg kommen und gehen in dieser vielfach grausamen Chronik.

Vor Tausenden von Jahren zog es Reisende in das Gebiet des heutigen Prag: Sie machten sich die Furt der Moldau oberhalb ihrer Einmündung in die Elbe zunutze. Funde aus der Steinzeit, von Werkzeugen bis zu Schmuck, zeugen von den ersten Siedlern.

Vor über 2000 Jahren ließen sich hier zuerst die keltischen Bojer (ihnen verdankt heute Böhmen seinen Namen) und dann die Germanen nieder. Eine wesentliche Bedeutung hatten jedoch die ersten Slawen – Vorfahren der Tschechen – die im 5. Jh. oder 6. Jh. n.Chr. hier eintrafen und sich an den Hügeln des Hradschin und flußaufwärts am Wischehrad ansiedelten.

Der Schutzheilige Tschechiens, der hl. Wenzel, wacht über den Hauptplatz Prags.

Geschichte

Über vier Jahrhunderte wurden die Tschechen von den Přemysliden beherrscht, einem Geschlecht, das auf die Ahnherrin Libussa zurückgeht.

Der heilige Pionier

Ein griechisches Bruderpaar, Kyrillos und Methodios, bekehrte gegen Ende des 9. Jh. die Slawen zum Christentum und wurde heiliggesprochen. Herzog Boriwoj ließ sich von Methodios taufen und setzte damit ein Beispiel für seine Untertanen. Seine Witwe, die gläubige Ludmilla, wurde 921 auf Befehl ihrer Schwiegertochter erdrosselt. Sie gilt seitdem als Märtyrerin und ist Schutzpatronin Böhmens.

Ihrem Enkel, dem ersten Landesherrn mit dem Namen Wenzel (*Václav*), war nur kurzes Wirken beschieden. Der fromme Wenzel war der erste Herrscher, der im Amt einem Mord zum Opfer fiel – er wurde von seinem jüngeren Bruder Boleslaw aus Eifersucht und Machthunger erstochen.

König Boleslaw der Grausame herrschte 30 Jahre lang. Im Jahre 973 wurde die Stadt Prag Bischofssitz.

Im frühen 11. Jh. weitete der Urenkel Bolesławs, Bretislaw I., das Herrschaftsgebiet der Přemysliden in Mähren aus; er mußte aber die Lehnshoheit des deutschen Königs anerkennen. König Wratislaw II., sein Sohn, erhielt als erster die persönliche Königswürde.

Noch mehr Wenzel

Die Geschichte der Wenzel ist verwirrend: König Wenzel I., genannt der Heilige, war nicht der einzige Wenzel I. Der zweite Wenzel I., der 1230 König von Böhmen wurde, herrschte lange und erfolgreich über das Land. Er förderte u.a. die Kunst. Seit dem 13. Jh. kamen viele deutsche Einwanderer nach Böhmen.

Im Jahr 1257 verlieh König Ottokar II. ihrer Siedlung auf der Kleinseite Prag das deutsche Stadtrecht. Ottokar, der Rudolf von Habsburg die deutsche Krone streitig machte, fiel 1278 in der Schlacht auf dem Marchfeld bei Wien.

Geschichte auf einen Blick

5. Jh. n.Chr. Slawische Stämme erreichen Böhmen und Mähren.
830-906 Groß-Mährisches Reich.
9. Jh. Gründer der Přemysl-Dynastie erbauen Prags erste Burg.
921-929 Herrschaft Wenzels I. des Heiligen.
1306 Ende der Přemysl-Dynastie.
1346-78 Herrschaft Karl IV., Böhmens goldenes Zeitalter.
1415 6. Juli: Jan Hus wird auf dem Scheiterhaufen verbrannt.
1419 Erster Prager Fenstersturz.
1434 Taboriten werden in der Schlacht von Lipany geschlagen.
1458-71 Herrschaft Georgs von Poděbrady, dem einzigen Hussitenkönig Böhmens.
1618 23. Mai: Zweiter Prager Fenstersturz; Beginn des Dreißigjährigen Krieges (1618-48).
1620 Niederlage der Hussiten in der Schlacht am Weißen Berg.
17. Jh. Gegenreformation: Erzwang die Rekatholisierung der tschechischen Länder; Bau barocker Kirchen und Paläste.
1740-80 Herrschaft der Kaiserin Maria Theresia, Reformen werden im Habsburger Reich durchgesetzt.
1780-90 Josef II. schafft Leibeigenschaft ab und gewährt Religionsfreiheit.
1848 Nationalistischer Aufstand in Prag, Wiedererweckung des tschechischen Nationalbewußtseins.
1918 Gründung der Tschechoslowakischen Republik (ČSR).
1939 Anschluß des Sudentenlandes an das Dritte Reich.
1948 Nach dem Vorbild der UdSSR entsteht die Sozialistische Tschechoslowakische Republik (ČSSR).
1968 Prager Frühling – Dubče's Experiment mit der Demokratie wird von sowjetischen Panzern zerschlagen.
1989 Die »Samtene Revolution« führt zum Zerfall der kommunistischen Regierung; Václav Havel wird zum Präsidenten gewählt.
1993 1. Januar: »Samtene Scheidung«. Trennung des Staates und Gründung der tschechischen und der slowakischen Republiken.

Karl IV. baute die mächtige Burg Karlstein, um dort die Kronjuwelen sicher aufzubewahren.

mit dem Sohn Wenzels II., denn im Sommer des Jahres 1306 wurde der König, kaum gekrönt, in Olmütz von einem Unbekannten ermordet. König Wenzel III. ging somit als der letzte König der Přemysliden in die Geschichte ein.

Sein Sohn Wenzel II. war für seine Diplomatie bekannt, das ihm sogar die polnische Königswürde eintrug. Nicht sehr diplomatisch ging er aber vor, als er seinen Stiefvater, der seine Position bedrohte, gefangennehmen und hinrichten ließ. Während seiner Regierungszeit blühten dank der Entdeckung von Silbervorkommen Handel und Gewerbe auf; der Prager Groschen galt weit über Böhmen hinaus als übliches Zahlungsmittel.

Das Glück und die bisherige Familienherrschaft erloschen

Der große Karl

Ein weiterer Wenzel wuchs heran und sollte der König werden, unter dem sich Prag von einem Provinzdorf zu einer der wichtigsten Städte entwickelte. Als junger Mann beschloß dieser Prinz, seinen Namen Wenzel abzulegen und sich einfach Karl zu nennen.

Sein Vater war Johann von Luxemburg, der 36 Jahre lang regierte. Im Jahre 1346 fiel er in der Schlacht von Crécy, die die Franzosen gegen die Engländer verloren.

Geschichte

Bereits vor seiner Krönung kümmerte sich König Karl IV. um Böhmen. 1344 überzeugte er den Papst davon, Prag zum Erzbistum zu erheben. Unter seiner Leistung begannen die langwierigen Arbeiten an dem gotischen Herzstück des Hradschin, und kurz nach seinem Regierungsantritt machte Karl Prag als Stadt des Geistes berühmt: Im Jahr 1348 gründete er die erste Universität Mitteleuropas. Er ließ auch die Neustadt bauen, um für die Handwerker, Kaufleute und Künstler, die damals überall aus Europa einwanderten, eine Unterkunft zu schaffen. Schon bald war Prag zur viertgrößten Stadt Europas geworden.

Als sichersten Aufbewahrungsort für die Kronjuwelen ließ er nahe der Stadt die große Burg Karlstein errichten. Schließlich verdankt ihm Prag auch die befestigte Karlsbrücke, die immer noch eine nützliche Verbindung von der Altstadt und Kleinseite bildet.

Im Jahre 1355 wurde Karl in Rom glorreich zum Kaiser des Heiligen Römischen Reiches Deutscher Nation gekrönt. Nach seiner Rückkehr blieb er stets Kaiser und herrschte bis zu seinem Tod im Jahre 1378 von Prag aus über das Reich und Böhmen.

Glaubenskämpfe

Der Nachfolger Karls, sein Sohn Wenzel IV., wäre seiner

> **Jan Žižka**
>
> Jan Žižka (1376-1424) war einer der böhmischen Nationalhelden. Als Anhänger des protestantischen Reformators Jan Hus wurde er militärischer Kommandant der Taboriten, einer Gemeinde radikaler Hussiten, die in Tábor lebten. Er war der Erfinder der fahrbaren Artillerie und setzte erfolgreich bewaffnete Viehwagen zum Transport von Kanonen gegen die Truppen des katholischen Königs Sigismund ein. Erst 200 Jahre später fiel es wieder jemandem ein, seine Erfindung nachzumachen.

Geschichte

Aufgabe vielleicht in ruhigeren Zeiten gewachsen gewesen, doch während seiner Regierungszeit wurde das Land von Fehden, Revolten und Kriegen erschüttert. Der unentschlossene Herrscher, als Wenzel der Faule bekannt, ließ die Reichsgeschäfte treiben, bis ihn die deutschen Kurfürsten absetzten. Doch selbst von den zahlreichen Krisen in seinem Stammland wollte er keine Notiz nehmen.

Während der folgenschwersten dieser Krisen erlebte Prag ein Vorspiel zur Reformation. Der Priester und Magister Jan Hus prangerte in seinen Predigten in der Bethlehemskapelle die Mißstände der katholischen Kirche an. Er verlieh seinen Reformforderungen solchen Nachdruck, daß er erst mit dem Kirchenbann belegt, dann nach Konstanz vor das Konzil gerufen, wegen Ketzerei eingekerkert und schließlich im Jahre 1415 auf dem Scheiterhaufen verbrannt wurde. Weit über die Grenzen Prags hinaus aber blieb er bei tschechischen Nationalisten und religiösen Reformern unvergessen. 1409 wurden die Rechte der Deutschen an der Universität beschnitten, woraufhin viele der deutschen Gelehrten und Studenten auszogen. König Wenzel IV., der anfangs ein zaghafter Fürsprecher der Reform gewesen war, unternahm nichts, um Hus' Leben zu retten.

Zum Leidwesen des mächtigen Vatikans breitete sich die hussitische Lehre weiter aus. 1419 stürmten die Anhänger der Reform das Neustädter Rathaus, befreiten die gefangenen Hussiten und stürzten mehrere katholische Ratsherren aus dem Fenster. Dieses Ereignis ist in die Prager Geschichte als der erste Fenstersturz eingegangen – der wörtlich genommene Hinauswurf von Amtspersonen sollte in Prag mit den Jahren zur regelrechten Tradition werden.

Der unglückselige Wenzel starb nur wenige Tage nach dem Fenstersturz. Sein Bruder, Kaiser Sigismund, stellte ein »Kreuzzugsheer« gegen die aggressiven Ketzer auf, aber er erlitt in der Schlacht auf dem Witkowberg bei Prag

Geschichte

eine vernichtende Niederlage gegen die von einem unbändigen Kampfgeist erfüllten Hussiten, die vom einäugigen Jan Hus angeführt wurden. Mit seiner fahrbaren Artillerie, auf behelfsmäßig gepanzerten Karren montierten Geschützen, war der glänzende Feldherr Hus der Kriegskunst seiner Zeit um ganze zwei Jahrhunderte voraus.

In den nächsten Jahren blieben die Rebellen im Kampf gegen das kaiserlich-päpstliche Heer erfolgreich und verbreiteten Furcht in den umliegenden Ländern. Die Hussiten waren aber selbst in Radikale und Gemäßigte gespalten; in einer mörderischen Schlacht gewannen schließlich die Gemäßigten und schlossen mit Sigismund Frieden.

Die Monarchie geriet in eine Krise, als der Kaiser 1437 starb, ohne einen Nachfolger zu hinterlassen. Sein Schwiegersohn Albrecht von Habsburg trat die Nachfolge an, verschied jedoch kurz darauf. Albrechts Sohn wurde nach dem Tod seines Vaters geboren, daher der Name Ladislaus »Postumus«. Obwohl er seinen Anspruch auf den Thron erfolgreich behaupten konnte, regierte er nur kurze Zeit.

Die Dynastie des Hauses Habsburg

Das Haus Habsburg war eine der größten Monarchien Europas. Der erste königliche Herrscher der Habsburger war Rudolf I., der 1273 zum deutschen König gewählt wurde. Jedoch wird das Haus Habsburg hauptsächlich mit Österreich in Verbindung gebracht, wo die Habsburger in ununterbrochener Folge vom 15. Jh. an bis 1918 herrschten. Im Laufe des 15. Jh. teilte sich das Haus Habsburg – Kaiser Karl IV. herrschte über Spanien und überließ seinem Bruders Ferdinand I. die Erbländer Österreich-Ungarn. Das Königreich Böhmen und Mähren war im Besitz der Habsburger von 1526 bis 1918.

Geschichte

*D*enkmal für Karel Škréta, dessen Barockgemälde in vielen Prager Kirchen hängen.

Sein Nachfolger, der Hussitenführer (und angebliche Mörder Ladislaus'), Georg von Podiebrad, bemühte sich um einen christlichen Fürstenbund zur Erhaltung des Friedens in Europa; als er aber weiterhin für die Hussiten eintrat, wurde er vom Papst exkommuniziert. Matthias Corvinus, Schwiegersohn Georgs und König von Ungarn, machte ihm später die Krone streitig. 1471 starb der letzte tschechische Herrscher Böhmens.

Vier Jahrhunderte Habsburg

Unter den polnischen Jagellonen Wladislaw II. und Ludwig wurde Böhmen mit Polen und Ungarn vereinigt und aus der Ferne regiert. Nachdem König Ludwig in der Schlacht von Mohácz gegen die Türken fiel, ging die Krone 1526 an die Habsburger, die 400 Jahre lang über die tschechischen Länder (als Teil des Österreichisch-Ungarischen Reiches) herrschen sollten. Sie versuchten, die religiöse Spaltung Böhmens zu überwinden. In der Zwischenzeit hatte sich der protestantische Glaube ausgebreitet, die Habsburger aber waren Katholiken.

Der Sonderling Rudolf II. erwies Böhmen einen großen Dienst, als er im Jahre 1583 seine Hauptstadt von Wien nach Prag verlegte. Kunst und Wissenschaft erlebten unter

Geschichte

der kaiserlichen Förderung einen neuen Aufschwung, und prächtige Renaissancebauten schmücken seither die Stadt.

Die zunehmende Geisteskrankheit Rudolfs ermutigte die politischen Gegner, seine Macht zu beschneiden. Im Jahre 1609 mußte er in dem sogenannten Majestätsbrief Katholiken wie Protestanten die gleiche Glaubensfreiheit gewähren. Aber unter seinen Nachfolgern, die den militanten Katholiken Ferdinand II. einschlossen, verschärfte sich der religiöse Konflikt, der bald zum blutigen Dreißigjährigen Krieg führte.

Die gewalttätigen Auseinandersetzungen wurden am 23. Mai 1618 durch einen weiteren Prager Fenstersturz eingeleitet. Die aufgebrachten Protestanten drangen in die Prager Burg ein und warfen zwei kaiserliche Statthalter sowie ihren Schreiber zum Fenster hinaus. Wie durch ein Wunder überlebten alle drei den Sturz in den Burggraben.

Ein Jahr später setzten die böhmischen Stände Ferdinand ab, doch in der vor den Toren Prags ausgetragenen Schlacht am Weißen Berg erlitten sie eine entscheidende Niederlage. Kaum wurde Ferdinands Macht wiederhergestellt, so folgte das Strafgericht. Er ließ auf dem Altstädter Ring die Hauptanführer des Aufstands foltern und hinrichten. Der Katholizismus wurde als einzige Religion zugelassen, die Jesuiten kehrten zurück.

Protestantische Grundbesitzer wanderten aus, und ihr Besitz fiel in die Hände von Ferdinands katholischen Anhängern. Diejenigen, die in Böhmen zurückblieben, mußten zum katholischen Glauben übertreten. Die Barockarchitektur im italienischen Stil kam in Mode.

Maria Theresia und Joseph II.

Eine einzige Frau hat in Prag regiert: Maria Theresia, die Tochter, Gattin und Mutter von Kaisern. Zu Beginn ihrer Amtszeit mußte sich Maria Theresia im Österreichischen Erbfolgekrieg gegen Bayern behaupten.

Unter Maria Theresias Sohn und Erben Joseph II. wurde die Religionsfreiheit wiederhergestellt, auch die Leibeigenschaft aufgehoben und die Zensur gelockert.

Die Musik leistete schließlich auch einen wichtigen Beitrag zur kulturellen Entwicklung des Landes: Im Jahre 1787 dirigierte Mozart im heutigen Stavovské-Theater Prag die Uraufführung von *Don Giovanni*. Die Oper brachte ihm einen rauschenden Erfolg.

Wiedererwachen des Nationalbewußtseins

In der Mitte des 19. Jh. war die Bevölkerung der Hauptstadt bereits auf 100 000 angewachsen. Der Fabrikbau und die Eröffnung der Eisenbahnlinie von Wien nach Prag leiteten die große industrielle Revolution ein. Böhmen wurde zum bedeutendsten Industriezentrum des österreichischen Kaiserreichs. 1848 brach eine andere Revolution aus, die die tschechischen Radikalen und die Arbeiterklasse gegen die Herren in Wien vereinigte. Die österreichischen Machthaber schlugen zwar den Aufstand nieder, die nationalistischen Gefühle der Tschechen konnten sie aber nicht ersticken. Im Parlament verloren die Deutschen die Mehrheit.

Das Nationaltheater wurde 1881 mit Smetanas Festoper *Libussa* eröffnet. Dvořák ließ

An die Schrecken des Holocaust gemahnen die Gräber von Theresienstadt.

Geschichte

sich von tschechischen Volksliedern inspirieren. Im Prag des 19. Jh. tanzte man nach einem anderen Takt als in Wien, der Heimat des Walzers.

Das 20. Jahrhundert

Aus den Trümmern Österreich-Ungarns entstand im Oktober des Jahres 1918 die unabhängige Tschechoslowakische Republik, die Böhmen, Mähren und die Slowakei umfaßte. Erster Präsident wurde Philosophieprofessor und Politiker Tomáš G. Masaryk.

In späteren Jahren stand die Tschechoslowakei im Zentrum des Konflikts, der zum Zweiten Weltkrieg führte. Im September 1938, kurz nach dem Anschluß Österreichs, forderte Hitler die Selbstbestimmung für die deutschsprachige Bevölkerung des Landes. Um Hitler in dieser Sache zu beschwichtigen, willigten Großbritannien und Frankreich im Münchner Abkommen in die Abtretung der Sudetengebiete an das Deutsche Reich ein. Daraufhin trat Staatspräsident Edvard Beneš zurück.

Als dann Polen und Ungarn auch ihrerseits Gebietsansprüche geltend machten, verlor die ehemalige Tschechoslowakei noch mehr Land. Hitler drohte, Bomben über Prag abzuwerfen, falls das restliche Gebiet nicht zum deutschen Protektorat erklärt werde.

Die Regierung dessen, was von der 2. Tschechischen Republik übrig geblieben war, kapitulierte. Das tschechische Volk sollte nun sechs Jahre Unterdrückung erleben.

Ein neues Land

Im Jahr 1945 erhoben sich Widerstandskämpfer in Prag und hielten die Stellung, bis die Rote Armee die Stadt befreite. In den Wahlen 1946 erreichten die Kommunisten 40% der Stimmen. Der wiedergewählte Edvard Beneš bot dem Kommunisten Klement Gottwald eine Koalition an.

Gottwald riß 1948, als nicht kommunistische Minister aus Protest gegen seine Politik zurücktraten, die Regierung an sich. Beneš dankte daraufhin erneut ab.

Geschichte

Präsident Gottwald stellte einen Fünfjahresplan für die Wirtschaft, ging gegen die Kirchen vor und räumte Gegner aus dem Weg. Kurz nach seiner Teilnahme an der Beisetzung Stalins starb er jedoch plötzlich (1953). Unter Antonín Novotny gingen die Schauprozesse weiter. Die Bauern wurden in Kollektive gezwungen, die Künste den Regeln des Realismus unterworfen.

Eine Reformbewegung der 60er Jahre gipfelte im »Prager Frühling« unter Alexander Dubček, der einen »Sozialismus mit menschlichen Zügen« verprach. Doch die Änderungsversuche wurden von sowjetischen Truppen – unterstützt von der ehemaligen DDR, Polen, Ungarn und Bulgarien – mit Panzern erstickt.

Blick in die Zukunft

Die neuen Parteioberen wandten sich mit wenig Erfolg der Wirtschaft zu und hielten selbst dann an Traditionen fest, als aus Moskau schon ein anderer Wind wehte. Zum Schauplatz der Unterdrückung wurde der Wenzelsplatz erneut im Jahre 1989: Polizisten knüppelten auf die Studenten ein, die für ein Ende der Einparteien-Herrschaft demonstrierten. Diesmal hatten die Tschechen genug. In einem sich ändernden Europa mußte sich das scheinbar unerschütterliche Regime plötzlich dem Volkszorn beugen. Václav Havel nannte diese Ereignisse eine »samtene Revolution«.

Dubček wurde rehabilitiert und zum Präsidenten gewählt. Und Havel, der aus der Haft entlassene Dissident, wurde für einen Aufenthalt auf Zeit in der Burg verurteilt – als Staatspräsident.

Im Juni 1992 gewann die Zivildemokratische Partei die Parlamentswahlen, und Václav Klaus wurde Premierminister des tschechischen Kabinetts. Havel verzichtete auf sein Präsidentenamt. Anfang 1993 teilte sich das Land in die Tschechische Republik und die Slowakische Republik. Im Februar 1993 wurde Václav Havel Präsident der Tschechischen Republik.

Sehenswertes

Die Tschechische Republik ist in ihrer Vielfalt schier unerschöpflich. Westböhmen ist für seine Kurorte Karlsbad (*Karlovy Vary*) und Marienbad (*Maríanské Lázně*) berühmt, sein Zentrum ist die Brauereistadt Pilsen (*Plzň*). Bis nach Südböhmen an der deutschen Grenze entlang erstrecken sich die dichtbewaldeten Hänge des Böhmerwaldes (*Šumava*). Herrliche Burgen und Klöster stehen stolz am Ufer der Moldau (Vltava).

Tschechiens eindrucksvollste Landschaften sind trotz einiger Industrie- und Umweltschäden zweifellos in Nord- und Ostböhmen zu finden, in den Kur- und »Felsenstädten« Adršpach-Teplice, im Böhmischen Paradies (*Český Ráj*) mit seinen Felsformationen, und im Riesengebirge (*Krkonoše*), Heimat von Rübezahl. Im Osten begrüßt das einstmalige Königreich Mähren den Reisenden mit den schönen, alten Städten Olmütz (*Olomouc*) und Brünn (*Brno*) sowie mit den hübschen Holzbauten von Rozschnau (*Rožnov pod Radhoštěm*). Preßburg (*Bratislava*), die Hauptstadt der benachbarten Slowakischen Republik, ist von Brünn in einem Tagesausflug leicht erreichbar.

Doch am berühmtesten ist und bleibt Prag, die »Sinfonie aus Stein« und eines der beliebtesten Reiseziele Europas.

Touristen drängen sich an Prags berühmtestem Denkmal, der Karlsbrücke.

Die Tschechische Republik auf einen Blick

Adršpach-Teplice-Felsen. Eine malerische Wunderwelt aus dichten Kieferwäldern und zerklüfteten Bergen. Ein Kletterparadies und beliebtes Ausflugsziel. Von Sonnenaufgang bis Sonnenuntergang geöffnet. Eintritt 25 Kč.

Český Krumlov. Die schönste Stadt in ganz Böhmen, über die ein romantisches Renaissanceschloß wacht. In UNESCOs Liste der Weltkulturstätten aufgenommen. Öffnungszeiten des Schlosses: Mai bis August 8-17 Uhr, April und September ab 9 Uhr. Geschlossen montags und von Oktober bis März. Schloßführung 70 Kč.

Schloß Hluboká. Die imposante Schwarzenberger Familienresidenz im neugotischen Stil. Öffnungszeiten: Juni bis August 8-17 Uhr, Mai und September 9-17 Uhr, April und Oktober 9-16.00 Uhr. Geschlossen montags und von November bis März. Führung 40 Kč.

Jindřichův Hradek. Eines der interessantesten Schlösser des Landes. Öffnungszeiten: Mai bis August 8-17 Uhr, April und September 9-17 Uhr. Geschlossen montags und von Oktober bis März. Schloßführung 25 Kč.

Karlovy Vary (Karlsbad). Böhmens ältestes und beliebtestes Kurbad, 1358 von Karl IV. gegründet. Die heißen Quellen ziehen immer noch die Kurgäste an. Schöne Waldspazierwege, eindrucksvolle Architektur, gute Restaurants und ein blühendes Kulturleben.

Praha (Prag). Die tschechische Hauptstadt ist eine der schönsten und romantischsten Städte Europas, mit einer Fülle von historischen, architektonischen und kulturellen Reizen. Öffnungszeiten der Schloßgebäude 9-17 Uhr, montags geschlossen. Die meisten Museen und Galerien haben montags geschlossen. Sammelkarte 80 Kč.

Rožnov pod Radhoštěm. Das Freilichtmuseum der Walachen enthält Beispiele von traditionellen hölzernen Bauernhäusern, Mühlen, Kirchen und anderen Gebäuden aus den Dörfern der ganzen tschechischen Walachei. Öffnungszeiten: 9-18 Uhr. Sammelkarte für alle drei Teile des Museums 40 Kč.

Schloß Vranov. Eines der schönsten Exemplare der barocken Architektur Tschechiens thront stolz hoch auf einem bewaldeten Felsvorsprung über dem Fluß Dyji. Öffnungszeiten: Juli und August 9-18 Uhr, bis 17 Uhr im Juni und September und bis 16 Uhr (nur am Wochenende) im April und Oktober. Geschlossen montags und von November bis März. Schloßführung 35 Kč.

Prag (Praha)

Vom Laurenziberg (*Petřín*) blicken Sie auf den historischen Kern dieser Stadt herab, der sich wie ein buntes Mosaik rot gedeckter Dächer, grüner Kuppeln und Glockentürme, rosa- und ockerfarbener Mauern an die Burg schmiegt. Prags mittelalterliche, von gotischen Spitztürmen akzentuierte Silhouette hat der Stadt auch den Namen »Stadt der hundert Türme« eingetragen.

Prags bedeutendste Sehenswürdigkeiten ballen sich im Stadtkern zusammen, den ein sanfter Bogen der Moldau (*Vltava*) in zwei Hälften teilt. Die Prager Burg und die Kleinseite am Westufer werden durch die Karlsbrücke mit der Alt- und Neustadt am Ostufer verbunden. Eine Tagestour den »Königsweg«, einen Paradeweg der alten Böhmer Könige, entlang gibt einen Überblick über die Schönheiten Prags. Der Weg führt vom Standort des alten Königspalasts (in der Nähe des Pulverturms) die Celetná- und Karlova-Straße entlang und über die Karlsbrücke. Gehen Sie dann die Mostecká- und Nerudova-Straße hinauf zum St.-Veits-Dom, dem Ort der Krönungen. Wer lieber bergab läuft, fährt mit der Straßenbahn bis zur Burg und verfolgt die Route in umgekehrter Richtung.

Nach einem Burgbesuch am Vormittag und anschießendem Mittagessen in der Kleinseite geht es dann am Nachmittag über die Karlsbrücke in die Altstadt zum Pulverturm. Ein Abendspaziergang am Wenzelsplatz könnte mit einem Täßchen Kaffee im Hotel Europa beendet werden. Die meisten Museen und Galerien (einschließlich der in den Burggebäuden) sind übrigens montags geschlossen.

PRAGER BURG (Pražský hrad)

Der Wall der Prager Burg umringt einen riesigen Gebäudekomplex zeremonieller und administrativer Bauten und erstreckt sich hoch über dem Fluß den Hügelkamm entlang. Beherrscht wird das Ganze, das mehr einer Kleinstadt als

Sehenswertes

Folgen Sie den Schildern:

hrad	Burg
kaple	Kapelle
kostel	Kirche
klášter	Kloster
mešto	Stadt
most	Brücke
muzeum	Museum
nábřeži	Kai
náměstí	Platz
palác	Palais
památník	Denkmal
ulice	Straße
věž	Turm
zahrada	Garten

einer Festung ähnelt, von den himmelwärts strebenden Türmen des St.-Veits-Doms.

Eine Fahrt mit der Straßenbahn Nr. 22 führt Sie vom Altstadt-Ufer in der Nähe der Karlsbrücke zum Nordtor der Burg. Sie können aber auch bergauf durch die Kleinseite und dann die Nerudova-Straße entlang bis zum Hradčanské-Platz (*Hradčanské náměstí*) gehen, der zum Haupttor der Burg führt, wo zu beiden Seiten Wachposten stehen, die zusammen mit den Skulpturen kämpfender Riesen den Burgeingang bewachen. Stündlich, auf den Glockenschlag, findet hier die **Wachablösung** statt (mit noch mehr Zeremoniell um 12 Uhr mittags).

An der Wache vorbei geht es in den Ersten Burghof und dann durch den Triumphbogen des Matthäustors in den Zweiten Burghof. Geradeaus liegt die Heiligkreuzkapelle (*Kaple sv. Kříže*), einst Schatzkammer des Doms. (Heute sind hier das Informationsbüro, eine Wechselstube, Toiletten und Geldautomat untergebracht.)

Links von der Kapelle führt eine Durchfahrt, die vor der massiven Westflanke des **St.-Veits-Doms** (*katedrála sv. Víta*) endet, zum Dritten Burghof. Der Bau des Doms wurde von Karl IV. 1344 in Auftrag gegeben, fertiggestellt wurde er aber erst 1929. (Zum Hauptschiff ist der Eintritt frei, Chor, Königsgruft und Wenzelkapel-

Prag

le kosten Eintritt. Eine Sammelkarte gilt für Dom, Königspalast und St.-Georgs-Basilika und ist in jedem dieser Gebäude erhältlich.)

Das himmelwärts strebende, gotische Gewölbe des Inneren wird durch ein schönes Buntglasfenster aus dem 20. Jh. erhellt. Im Wandelgang befindet sich das kunstvoll verzierte silberne Grabmahl des hl. Johannes von Nepomuk und am Südportal die Wenzelkapelle, in der das Grab Wenzels des Heiligen von herrlichen Fresken aus dem 14. Jh. sowie von mit Halbedelsteinen verzierten Nischen in der Wand umgeben ist. Ein wenig weiter kommen Sie zur **Königsgruft** mit den Gräbern großer tschechischer Herrscher und den Fundamenten von Kirchen aus dem 10. und 11. Jh. Die scheinbar unendliche Wendeltreppe führt

Von seinem hochgelegenen Standort herrscht Prags riesiger Burgkomplex über die Stadt.

zum **Glockenturm** hinauf, wo Sie mit einem herrlichen Blick auf die Stadt belohnt werden.

Nach Verlassen des Doms geht es links in den Dritten Burghof hinein, von wo man die imposante Südfassade des Bauwerks bewundern kann. Das Südportal (auch Goldenes Portal genannt) mit seinen kunstvollen Formen ist ein Meisterwerk des Architekten Peter Parler. Leider wurde sein gotischer Glockenturm nie fertiggestellt, sondern im 16. Jh. mit einem vorstehenden Barockturm ausgestattet. Unter dem Turm stehen ein Denkmal des Heiligen Georgs mit dem Drachen (eine Kopie – das Original aus dem 14. Jh. befindet sich in der Nationalgalerie), und ein Granitobelisk, zur Erinnerung an die Gefallenen des Ersten Weltkriegs.

Der **Königspalast** (*Královský palác*) am Ende des Burghofes war bis zum 16. Jh. Sitz der böhmischen Könige. Sein Prunkstück ist der **Wladislawsaal** (*Vladislavský sál*) mit seinem prachtvoll verschlungenen Rippengewölbe. Er ist der größte weltliche Saal der deutschen Spätgotik und Werk von Benedikt Ried. Am südlichen Ende des Saals liegt die **Böhmische Kanzlei** (auch von Ried). Hier erfolgte 1618 der zweite Prager Fenstersturz. In der Nordostecke befindet sich der würdige **Landtagssaal** (Sitz des Obersten Landesgerichts und der Ständeversammlung), daneben die erstaunliche **Reitertreppe**. Diese Treppe, die mehr einer Rampe gleicht, wurde von Rittern zu Pferde als Zugang zum Wladislawsaal benutzt, wo im 16. Jh. Turnierkämpfe unter Dach abgehalten wurden.

Die Reitertreppe geht auf den St.-Georgs-Platz hinaus, den die **St.-Georgs-Basilika** (*bazilika sv. Jiří*) überblickt; hinter ihrer ockerfarbenen Barockfassade versteckt sich eine romanische Kirche aus dem 10. Jh., die älteste erhalten gebliebene Prags.

Das ehemalige **St.-Georgs-Kloster** (*Jirský klášter*), bis 1782 ein Frauenkloster, ist Teil der Nationalgalerie und beherbergt die Sammlung alter Kunst Böhmens. Die schmale Gasse auf der rechten Seite der

Basilika führt zum Osttor der Burg und durch einen anmutigen Terrassengarten zurück zum Hradčanské-Platz. Von der Nordseite des Platzes führt eine Gasse zum **Palais Sternberg** (*Šternberský palác*). Hier ist eine von Prags besten Galerien mit einer Sammlung europäischer Kunst vom 14. bis zum 19. Jh. untergebracht.

Nur wenige Gehminuten in westlicher Richtung vom Platz kommen Sie zu einem der beeindruckendsten barocken Gebäude der Stadt, dem **Loreto-Heiligtum** (*Loreta*). In dessen Mitte steht die **Santa Casa** (Heiliges Haus), eine Nachbil-

Unter dem Gewölbe des Wladislawsaals fanden im 16. Jh. Ritterkämpfe statt.

dung des Hauses der Jungfrau Maria in Loreto, Italien. Engel sollen das ursprüngliche Haus dorthin versetzt haben. Die Prager Imitation wurde 1626 im Zuge der Gegenreformation und als ein Versuch zur Wiederbelebung des Katholizismus in Böhmen gebaut. Der das Haus umgebende Kreuzgang wurde Ende des 17. Jh. hinzugefügt, und die Barock-

Sehenswertes

Die Decke des Klosters Strahov (oben); die St.-Niklas-Kirche (rechts).

fassade entstand 1740. Die Verzierungen der *Santa Casa* bestehen aus Abbildungen alttestamentlicher Figuren und Szenen aus dem Leben der Jungfrau Maria. Die **Christi-Geburtskirche** auf der Ostseite der *Casa* beeindruckt mit ihren vergoldeten Stuckarbeiten und Deckengemälden. Den schönen Kreuzgang entlang Kommen Sie zur **Schatzkammer** mit ihrer Sammlung kostbarer Reliquienschreine, Monstranzen und Edelkelche sowie der Wiener Diamantenmonstranz von 1699.

Das gewaltige Palais Czernin (*Černínský palác*) auf dem Loretoplatz hat eine 150m lange Barockfassade. Im 19. Jh. wurde es zur Kaserne degradiert, und heute befindet sich hier das Außenministerium.

Zum **Kloster Strahov** (*Strahovský klášter*) gelangen Sie über den schönen Pohořelec. Das 1140 gegründete, öfters zerstörte Kloster erhielt seine heutige Gestalt im 17. und 18. Jh. Der Öffentlichkeit zugänglich ist die **Bibliothek**. Sie besteht aus zwei Sälen, dem theologischen und dem philosophischen. Ersterer wurde 1670 gebaut und letzterer 1780-90. In beiden Sälen sind nicht nur die Hunderttausende von Büchern sehenswert, sondern auch die Deckengemälde, Stukkaturen, Fresken und geschnitzten Bücherschränke. Unter den Büchern befindet sich eine interessante Sammlung über Baum- arten, deren Rinden jeweils den Buchrücken des entsprechenden Bandes schmücken.

KLEINSEITE
(Malá Strana)

Der Stadtteil zwischen Burg und Fluß ist unter dem Namen Kleinseite bekannt. Sie entstand im 13. Jh., wurde durch Feuer zerstört und verdankt ihren barocken Charme dem Wiederaufbau im 17. und 18. Jh. Mittelpunkt dieses Viertels ist der Kleinseitner Ring (*Malostranské náměstí*), ein mit Restaurants gesäumter, hübscher Arkaden-Platz. Die Kirche **St. Niklas** (*kostel sv. Mikuláše*), mit ihrer Kupferkuppel und dem Glockenturm eines der schönsten Barockbauwerke Europas, unterteilt den Platz. Die Kirche wurde zwischen 1703 und 1788 von dem berühmten Vater-und-Sohn-Team Christoph und Kilian Ignaz Dientzenhofer gebaut. Die Innenausstattung besteht aus einer überschwenglichen Kreation aus Kunstmarmor, vergoldetem Stuckwerk und Deckenfresken in leuchtenden Farben, die mit Goldengeln und Seraphim verziert sind und von Figuren der Kirchenväter bewacht werden.

Nordöstlich vom Ring führt die Letenská-Straße zum Eingang des **Waldstein-Gartens** (*Valdštejnská zahrada*), dem bezaubernden Garten des **Palais Waldstein** (*Valdštejnský palác*). Dieser früheste Barockbau Prags hatte, wie seiner Fassade noch anzusehen ist, sein Leben als Renaissancepalais begonnen.

Und von der südöstlichen Ecke des Kleinseitner Rings gehen Sie die Mostecká-Straße entlang auf Prags berühmtestes Denkmal zu.

Tschechische Architektur auf einen Blick

Die Tschechische Republik besitzt einen unermeßlichen Reichtum an Architektur mit schönen Beispielen von Baustilen aus den verschiedenen Epochen.

Romanisch (11.-12. Jh.). Begann ursprünglich in den Klöstern Europas im 10. und 11. Jh.; kennzeichnend sind die romanischen Halbkreisbogen an Türen und Fenstern, die halbkreisförmigen Tonnengewölbe sowie die massigen Pfeiler und Wände mit nur wenigen Fenstern. Beispiele: das Interieur der St.-Georgs-Basilika in der Prager Burg und der Palast von Přemysl in Olmütz.

Gotisch (12.-15. Jh.). Entwickelte sich aus dem Romanischen; kennzeichnend sind die aufwärtsstrebenden Rippengewölbe, die Spitzbogen und die hohen, schmalen Fenster mit ihrem kunstvollen Filigran-Maßwerk. Beispiele: der Veitsdom in Prag und die St.-Barbara-Kirche in Kuttenberg. Der gotische Stils wurde im 19. Jh. als **Neugotik** wiederaufgenommen (Schloß Lednice).

Renaissance (15.-16. Jh.). »Wiedergeburt der Antike«; kennzeichnend sind die klassischen Fassaden, Arkaden und Mansardenfenster, die kunstvoll abgestuften Giebel und die *Sgraffito*-Verzierungen. Beispiele: Palais Waldstein in Prag und Schloß Telč in Mähren.

Barock (17.-18. Jh.). Verlief parallel zur Gegenreformation; kennzeichnend sind die ungeheure Pracht, der überschwengliche Dekor, der Farbenreichtum, die kurvenreichen Oberflächen und ovalen Grundrisse sowie die *Trompe-l'oeuil*-Gemälde und Deckenfresken. Beispiele: St.-Niklas in Prags Kleinseite und Vranov in Mähren.

Jugendstil (ca. 1890-1910). Ein dekorativer Stil; kennzeichnend sind die anmutigen, gewundenen Linien, die meist aus Bäumen, Blumen und Blättern erwachsen, sowie die gemalten oder plastisch gearbeiteten Verzierungen, deren Motiv oft Blumen und weibliche Figuren sind. Beispiele: Das Stadthaus und das Grand Hotel Europa in Prag. Der berühmteste tschechische Vertreter war Alfons Mucha.

Kubismus (Anfang 20. Jh.). Von Picasso inspiriert. Tschechische Spielart nur von kurzer Dauer. Bestes Beispiel »Das Haus zur Schwarzen Mutter Gottes« in Prag.

Der Bau der **Karlsbrücke** wurde Mitte des 14. Jh. von Karl IV. bei Peter Parler in Auftrag gegeben. Mit 16 Bogen und einer Länge von ca. 520m überspannt sie die Moldau. Lange war sie die einzige Verkehrsverbindung durch Prag. Zunächst nur Prager Brücke oder Steinerne Brücke genannt, wurde sie 1870 in Karlsbrücke (*Karlův most*) umgetauft. Heute ist sie verkehrsfrei und eine Freilichtgalerie und -bühne für Dutzende von Malern, Musikern, Karikaturisten und Jongleuren, die hier zur Unterhaltung der Touristen ihre Künste vorführen. Kulisse sind die 30 Skulpturen und Skulpturengruppen, die zwischen dem 17. und 20. Jh. geschaffen wurden. Die älteste und berühmteste ist die 1683 errichtete Statue des hl. Johannes von Nepomuk auf halber Brücke links (von der Kleinseite kommend). Nach einem Streit mit dem König wurde Jan Nepomucký 1393 in den Fluß geworfen, wo er ertrank. Während der Gegenreformation wurde er zum Märtyrer erkoren.

ALTSTADT (Staré Město)

Das östliche Ende der Karlsbrücke wird von einem keilförmigen Spitzturm beherrscht, dem **Altstädter Brückenturm**, dessen Brüstung einen der besten Ausblicke über die Stadt gewährt. Der gotische Turm aus dem 14. Jh. wird landseitig durch die Statue des hl. Veits geschmückt, zu dessen Linker Karl IV. sitzt und zu dessen Rechter Wenzel IV.

Unter dem Turm hindurch kommen Sie die Karlova-Gasse entlang alsbald zum **Altstädter Ring** (*Staroměstské náměstí*), dem Kern des mittelalterlichen Prags. Dieser riesige Platz war im 11. Jh. ein Marktplatz und ist Zeuge vieler der bedeutendsten Ereignisse der Stadt geworden. 1627 wurden hier 27 protestantische Märtyrer hingerichtet; 1948 verkündete der kommunistische Führer Klement Gottwald hier die Sozialistische Tschechoslowakische Republik. 20 Jahre später rollten die sowjetischen Panzer über das Kopfsteinpflaster und zermalmten die Knospen der demokratischen Bewegung. Heute nun

Vom gotischen Giebel der Teynkirche blickt die Jungfrau Maria auf die Stadt hinunter.

ist der Platz Mittelpunkt des bunten Fremdenverkehrs.

Drei historische Gebäude beherrschen den Platz. Wenn man von der Karlsbrücke her kommt, steht man den beiden Spitztürmen der Teynkirche oder »Kirche der Jungfrau Maria vor dem Teyn« (*kostel Panny Marie před Týnem*) gegenüber. Dieses gotische Phantasiewerk aus dem 14. Jh. war einst die führende Prager Hussitenkirche. Jedoch wurde der Goldene Kelch (Symbol der Hussiten), der den Giebel zierte, eingeschmolzen und zu einem Heiligenschein für die Marienstatue gemacht, die dort errichtet wurde, nachdem die Katholiken in der Schlacht am Weißen Berg bei Prag (1620) gesiegt hatten. Bemerkenswert am Inneren der Kirche ist das Grab des großen dänischen Astronoms Tycho Brahe.

Vom Turm des **Altstädter Rathauses** (*Staroměstská radnice*) gegenüber haben Sie eine herrliche Aussicht auf den Platz. Hauptattraktion des Rathauses ist jedoch die **astronomische Uhr** aus dem 15. Jh. Komplizierte überlagerte Zifferblätter zeigen nicht nur die Zeit an, sondern auch die Stellungen des Mondes und der Sonne in Beziehung zu den Tierkreiszeichen. Auf der unter der Uhr liegenden Kalenderscheibe sind zwölf kreisrunde Bilder gemalt, die die Monate darstellen. Der Außenkreis ist in 365 Tage unterteilt, von dem jeder den Namen des Heiligen trägt, dessen Namenstag ge-

Prag

feiert wird. Zu jeder vollen Stunde schlägt die Figur des Todes auf der rechten Seite des Zifferblatts die Glocke, während die zwölf Apostel am darüberliegenden Fenster vorbeiziehen und andere Figuren sich in Bewegung setzen.

Die prächtige Barockfassade der **St.-Niklas-Kirche** (*kostel sv. Mikuláše*) steht in starkem Kontrast zur Strenge der Gotik der Teynkirche und des Rathauses. Kilian Ignaz Dientzenhofer war auch hier der Baumeister (1732-35). Innen ist ein eindrucksvolles Kuppelgemälde zu bewundern. Dieses Denkmal der Gegenreformation dient heute ironischerweise der tschechischen Hussitenkirche als Gotteshaus. Der Hussitenbewegung gedenkt unweit von St. Niklas das riesige, 1915 eingeweihte Jan-Hus-Denkmal. In die Platten vor dem Rathausturm wurden 27 weiße Kreuze eingelegt, die an die hier 1621 hingerichteten 27 protestantischen Märtyrer gemahnen sollen.

Eine der ältesten Durchgangstraßen der Stadt, die malerische Celetná-Straße, führt östlich vom Platz zum **Pulverturm** (*Prašná brána*), der seinen Namen dem Schießpulver verdankt, das hier eine Zeitlang gelagert wurde. Dieser gotische Torturm wurde Ende des 15. Jh. in Anlehnung an den Altstädter Brückenturm gebaut. Ursprünglich stand neben dem Turm ein Königspalast, doch im Anschluß an den Aufruhr 1483 suchte der König mit seinem Hof Zuflucht in der Burg. Der verlassene Palast wurde Anfang des 19. Jh. abgetragen und an seiner Stelle das **Repräsentationshaus** (*Obecní dům*) gebaut, wahrscheinlich das beste Beispiel der Jugendstil-Architektur im Land. Es wurde als ein Kulturkomplex von Ausstellungsräumen und Konzertsälen entworfen, dessen Kernstück der herrliche Smetana-Saal ist, den eine Glaskuppel und allegorische Wandgemälde und – plastiken schmücken. Wem die Zeit und Lust fehlt, hier einem Konzert zu lauschen, kann immerhin den originalen Jugendstil-Dekor im Restaurant und Café genießen. Beide befinden sich im Eingang des Gebäudes.

Sehenswertes

Josefov (Josephstadt)

Die elegante Pariser Straße (*Pařížská ulice*) führt quer durch eines der ältesten Prager Stadtviertel. Das ehemalige Jüdische Viertel erhielt den Namen Josefov zur Erinnerung an Kaiser Joseph II., der viele der drakonischen Gesetze gemildert hatte, die gegen die jüdische Gemeinde erhoben worden waren. In Josefov wohnten einmal mehr als 50 000 Juden. Sanierungsarbeiten zur Jahrhundertwende sowie der Holocaust des Zweiten Weltkriegs löschten fast die gesamte jüdische Bevölkerung aus. Heute leben nur noch ungefähr 1000 Juden in Prag.

Die wenigen Überbleibsel vom alten Josefov stehen jetzt als **Staatliches Jüdisches Museum** (*Státní židovské muzeum*) unter Denkmalschutz. Eine Sammelkarte gilt für die Besichtigung von sechs historischen Stätten. Die neugotische **Maiselsynagoge** (*Maiselova synagóga*) wurde nach einem Bürgermeister des Ghettos aus dem 16. Jh. benannt und enthält eine Ausstellung liturgischen Silbers. Die **Pinkassynagoge** (*Pinkasova synagóga*) in der Siroká-Straße ist ein dem Holocaust gewidmetes Denkmal, dessen Innenwände mit den Namen der 77 297 jüdischen Opfer des Nationalsozialismus beschriftet sind.

Ein Tor der Pinkassynagöge führt zum **Alten Jüdischen**

Durch die engen Gassen der Josephstadt wanderte einst das mythische Monster Golem.

Rabbi Löw

Jehuda Löw ben Bezalel, besser bekannt unter dem Namen Rabbi Löw, war im 16. Jh. Oberster Rabbi von Prag. Dieser vielseitige Gelehrte und Theologe beschäftigte sich nebenbei nicht nur mit Alchemie und Astrologie, sondern studierte auch die jüdische Geheimlehre der Kabbala. Ihm wurden Zauberkräfte zugesprochen, die er dazu benutzte, ein künstliches Lebewesen aus Lehm zu erschaffen, das Golem (»das Halbfertige«) genannt wurde. Rabbi Löw erweckte dieses Geschöpf zum Leben, indem er ihm ein Zauberwort in den Mund legte. Als er später amoklief, nahm er ihm das Wort wieder weg und versteckte den Golem im Lehm unter der Altneusynagoge, wo er bis zum heutigen Tag ruht.

Friedhof (*Židovsky hřbitov*), wo im Schatten hoher Ulmen über 12 000 Grabsteine dicht beieinander stehen. Die letzte Beerdigung fand hier 1787 statt, bevor ein neuer Friedhof (auf dem Franz Kafka begraben ist) im Vorort von Žížkov geschaffen wurde. Der Wirrwarr der Grabsteine im alten Friedhof ist ein symbolisches Wahrzeichen der chronischen Überbevölkerung im Ghetto geblieben. Das berühmteste Grab, das des Rabbi Löw, ist sofort an den vielen zusammengefalteten Gebetzettelchen erkennbar, die in die Spalten des Grabsteins gesteckt wurden oder durch Kieselsteine festgehalten werden.

Am Ende des Friedhofs steht die im neuromanischen Stil erbaute **Zeremonienhalle** (*Obřadní síň*) aus dem 19. Jh. mit einer Ausstellung erschütternder Zeichnungen der Kindern im Konzentrationslager Terezín (siehe Seite 83). Die Klausensynagoge (*Klausová synagóga*) beherbergt eine Ausstellung der Werke jüdischer Gelehrter, Wissenschaftler und Künstler.

Sehenswertes

Die Mitte des 13. Jh. erbaute **Altneusynagoge** (*Staronová synagóga*) unterhalb des jüdischen Rathauses ist die älteste erhalten gebliebene Synagoge Europas. In ihrer Mitte erhebt sich die von einem schmiedeeisernen Gitter aus dem 15. Jh. umringte Plattform des Kantors. Hier wird die Fahne mit dem Davidstern aufbewahrt, die den Juden zur Anerkennung ihrer Unterstützung im Krieg gegen die Schweden 1648 von Ferdinand II. überreicht wurde.

NEUSTADT
(Nové Město)

Die Neustadt wurde bereits im Jahre 1348 von Karl IV. gegründet. Ein Sanierungsprogramm im 19. Jh. beseitigte die mittelalterlichen Gebäude, und die heutige Neustadt entstand im 19. und 20. Jh.

Der Kern der Neustadt ist der Wenzelsplatz (*Václavské náměstí*), ein breitangelegter und leicht ansteigender Boulevard. Er erstreckt sich 700m lang bis hinauf zum **Nationalmuseum** (*Národní muzeum*), das wegen seiner Architektur und der Aussicht auf den Wenzelsplatz besucht wird. Der Blick richtet sich auf das Reiterdenkmal des tschechischen Schutzheiligen Wenzel, das 1912 errichtet wurde. Ganz in der Nähe hat sich ein anderer Nationalheld, der Student Jan Palach, 1969 aus Protest gegen die sowjetische Unterdrückung öffentlich verbrannt. Heutzutage drängen sich auf dem Wenzelplatz Geschäfte, Supermärkte, Hotels, Reisebüros, Restaurants und Clubs.

Vom Wenzelsplatz führt die Národní Trída westwärts zum am Moldauufer gelegenen **Nationaltheater** (*Národní divadlo*). Dieses Bauwerk der Neurenaissance wurde 1868-83 erbaut und Anfang der 1980er Jahre restauriert. Sein auffallendes Dach aus Blau und Gold ist ein Wahrzeichen der Stadt. Sehenswert ist ein herrliches Fresko über der Eingangshalle, das das »Goldene Zeitalter« der tschechischen Kunst darstellt, und das luxuriöse Auditorium mit seiner prächtigen Decke mit Figuren, die die Künste darstellen.

Museen und Galerien auf einen Blick

Vor jeder Besichtigung sollten Sie beim Fremdenverkehrsamt die Öffnungszeiten kontrollieren. Die Broschüre *Welcome to Prague* (in Hotels und Fremdenverkehrsämtern) gibt auch Auskunft.

Antonín-Dvořák-Museum (*Muzeum A. Dvořáka*), Ke Karlovu 20, Prag 2; geöffnet täglich außer montags 10-17 Uhr; Metro C: I. P. Pavlova. Die Barockvilla ist dem Leben des Meisters gewidmet.

Bertramka, Mozartova 169, Prag 5; täglich 9.30-18 Uhr; Tram 4, 6, 7, 9. Mozartreminiszenzen im Grünen.

Sammlung alter Kunst Böhmens (*Sbírka starého českého umění*), Kloster St. Georg, Jiřské náměstí 33, Prager Burg; geöffnet April-September 9-17 Uhr, Oktober-März 9-16 Uhr, montags geschlossen; Metro A: Hradčanská; Tram 22 bis Pražsky hrad. Tschechische Barockmalerei.

Kunstgewerbemuseum (*Uměleckoprůmyslové muzeum*), 17. Listopadu 2, Prag 1; geöffnet täglich außer montags 10-18 Uhr; Tram 17, 18. Kristall-, Porzellan- und Holzarbeiten. (Siehe S.84)

Nationalgalerie (*Národní galerie*), *Veletržní Palác*, Dukelských hrdinů 47; geöffnet täglich außer montags 10-18 Uhr; Tram 5, 12, 17 *Veletržní*. Sammlung europäischer Kunst des 19. und 20. jh. (S.29 Šternberský Palác).

Gedenkstätte des nationalen Schrifttums (*Památník národního písemnictví*), Strahovský klášter; geöffnet täglich außer montags 9-12.15 und 13-17 Uhr; Tram 22 von der Metrostation Malostranská. Wertvolle alte Bücher und Manuskripte in schönen Räumen im ehemaligen Kloster Strahov.

Technisches Nationalmuseum (*Národní technické muzeum*), Kostelní 42, Prag 7; geöffnet täglich außer montags 9-17 Uhr. Alte Fahrräder, Flugzeuge, Eisenbahnen usw.

Agneskloster (Klášter sv Anežský), Anežská, Ecke U milosrdných; geöffnet täglich außer montags 10-17 Uhr; Tram 5, 14, 26; Bus 125. Tschechische Malerei des 19. Jh. sowie Porzellan und Glas – alles aus den Beständen der Nationalgalerie.

Staatliches Jüdisches Museum (*Státní židovské muzeum*), Jáchymova 3, Prag 1; täglich außer samstags und an jüdischen Feiertagen 9.30-17 Uhr; Metro A: Staroměstská.

Sehenswertes

Tagesausflüge von Prag

Die unmittelbare Umgebung von Prag bietet viel Sehenswertes. Tagestouren werden von allen Reisebüros organisiert (siehe FREMDENFÜHRER und TOUREN S. 124). Hier sind einige Vorschläge:

Karlstein (Karlštejn)

Burg Karlstein (ca. 32km südwestlich von Prag) wurde im 14. Jh. von Karl IV. als Festung gebaut, um dort die Kronjuwelen und Heiligen Reliquien sicher aufzubewahren. Im 19. Jh. wurde sie restauriert und ist nun Tschechiens meistbesuchte Burganlage außerhalb Prags. Vom Dorf unten aus gesehen verkörpern die Burgmauern und gotischen Türme mit ihren Zinnen jedermanns Vorstellung einer perfekten böhmischen Burg. Im Innern ist die Burg jedoch etwas enttäuschend. Die kaiserlichen Gemächer sind düster und kahl, nur ein Teil der Holztäfelung im Thronsaal ist geblieben.

Die gotische **Marienkirche** enthält dagegen kostbare Wandmalereien. Die Kirche ist mit der Privatkapelle des Kaisers verbunden, der **Katharinenkapelle**, deren Wände mit Halbedelsteinen bedeckt sind. Hier schloß sich der Kaiser ein, um stundenlang oder gar tagelang zu meditieren: Durch ein kleines Loch in der Wand wurden ihm von den Dienern Speise und Trank oder wichtige Dokumente gereicht.

In der **Heiligkreuzkapelle** (*Kaple sv. Kříže*) im Großen Turm der Burg wurden einst in einem sicheren Fach hinter dem Altar die Kronjuwelen aufbewahrt. Die prunkvolle Ausstattung der Kapelle ist zu recht berühmt: Portraits der Heiligen und Tausende von Edel- und Halbedelsteinen bedecken die Wände, Hunderte von Glassternen sind in die vergoldete Decke eingelassen; eine silberne Scheibe stellt den Mond dar und eine goldene die Sonne. (Die Heiligkreuzkapelle ist seit 1980 wegen Restaurationsarbeiten geschlossen; sie soll aber im Sommer 1996 wieder geöffnet werden.

Auf seinem Jagdsitz Burg Křivoklát hielt sich König Wenzel IV. einst besonders gern auf.

KŘIVOKLÁT (Pürglitz)

Ungefähr 40km westlich von Prag ragt der spitze Turm der **Burg Křivoklát** wie ein Leuchtturm über die wogenden Wälder der Umgebung. In diesen Wäldern haben die böhmischen Könige gejagt, und die 1109 erbaute Burg war ein beliebter Jagdsitz Wenzels IV., der ein leidenschaftlicher Jäger war. Die Burg ging später in den Besitz der mächtigen Familie Waldstein über, ehe sie 1685 an die Fürstenbergs verkauft wurde. Zu besichtigen sind u.a. die spätgotische **Kapelle** mit ihrem kunstvollen holzgeschnitzten Chorgestühl aus dem 15. Jh. sowie der **Königssaal** mit seinem eleganten Gewölbe und die **Bibliothek** der Fürstenbergs. Der frühgotische Keller unter der Kapelle wurde als **Gefängnis** benutzt und enthält grausame mittelalterliche Folterinstrumente.

KONOPIŠTĚ (Konopischt)

Das herrschaftliche **Schloß Konopiště** liegt in der Nähe der Stadt Benešov, ungefähr 44km südlich von Prag. Die Rundtürme verraten den mittelalterlichen Ursprung des Schlosses, doch der größte Teil des Bauwerks stammt aus der zweiten Hälfte des 19. Jh., als es im neugotischen Stil restauriert wurde. Damals gehörte das Schloß Erzherzog Franz Ferdinand, dessen Ermordung in Sarajewo 1914 den Ersten Weltkrieg auslöste. (Im Zweiten Weltkrieg hauste die SS im Schloß.) Der Erzherzog war ein besessener Jäger – etwa

Sehenswertes

Unzählige Jagdtrophäen schmücken die Wände von Schloß Konopiště.

300 000 Jagdtrophäen zieren die Schloßwände: von Vögeln, Iltissen, Dachsen, Rehen und Wildschweinen bis zu Bären, Tigern und Antilopen ist jedes Stück mit Datum und Ort der Jagd gekennzeichnet.

Drei unterschiedliche Führungen stehen zur Wahl: Eine Tour führt durch die Gemächer des ersten Stockwerks im Südflügel. Alle Zimmer gehen von einem langen Korridor ab, der mit Tausenden von Jagdtrophäen überladen ist. Zu den reich ausgestatteten Räumen gehört auch der **Große Speisesaal** mit seinen italienischen Möbelstücken aus dem 17. Jh. und seinem Meißner Porzellan. Feine Wandteppiche und die eindrucksvolle Deckenbemalung, die Morgen, Mittag, Abend und Nacht symbolisiert, ziehen den Besucher in Bann. In den Schlafgemächer haben Kaiser Wilhelm II. und sein Admiral Alfred von Tirpitz während ihres Besuches im Juni 1914 übernachtet. Ein Originalbadezimmer von 1900 ist ebenfalls Teil der Besichtigung. Die anderen beiden Führungen zeigen die privaten Gemächer des Erzherzogs Franz Ferdinand und seiner Familie, seine Waffen- und Rüstungssammlung, die Kapelle sowie eine Ausstellung über die Geschichte des Schlosses. Darüber hinaus gibt es hier auch eine Galerie, die den Gemälden, Zeichnungen und Skulpturen gewidmet ist, denn auch die Kunst war eine Leidenschaft des Erzherzogs.

Tagesausflüge von Prag

KUTTENBERG (Kutná Hora)

Die auf Silber erbaute Stadt entstand im 13.Jh., als nahebei riesige Silbervorkommen entdeckt wurden. Das ca. 65km von Prag gelegene Kuttenburg war lange Zeit die zweitbedeutendste Stadt im Land. Hier wurde der *Prager Groschen* gemünzt, wegen seiner Reinheit ein in ganz Europa geschätzes Zahlungsmittel. Als die Bodenschätze Mitte des 16. Jh. erschöpft waren, begann der Verfall der Stadt, so daß sie heute nur noch ein Hauch vergangener Größe umweht. Der Stadtkern steht heute unter Denkmalschutz.

Die **St.-Barbara-Kirche** (*kostel sv. Barbory*) ist eine der schönsten gotischen Kirchen Europas, und das nicht nur wegen des herrlichen Netzgewölbes. Elegante Strebepfeiler stützen das bemerkenswerte dreizackige, zeltartige Dach. Links neben dem Eingang auf der Nordseite befindet sich der Chor, von dessem Rundgang acht Kapellen abgehen. Drei von ihnen zeigen auf Fresken aus dem 15. Jh. Szenen des Tagewerks der Bergwerkskumpel. Die Wandmalereien der mittleren, der **Smíšek-Kapelle**, sind besonders beachtenswert, sie zeigen die Ankunft der Königin von Saba und eine Kreuzigungsszene. Auf der Rückwand befindet sich ein Bild des Bergwerkbesitzers Smíšeks und seiner zwei Söhne; das Gewölbe ist mit Engeln und Bergleuten verziert.

Eine Terrassenstraße führt nördlich von der Kirche zum **Hradek** (dem kleinen Schloß), einem gotischen Bauwerk, das einst Teil der Stadtmauer war; heute ist hier das **Bergbaumuseum** untergebracht.

Der **Welsche Hof** (*Vlašský dvůr*), jenseits des Hradek und südlich vom Hauptplatz war einst Königliche Münzanstalt, wurde aber auch von Wenzel IV. (1378-1419) als Residenz benutzt. Als die Bergwerke schlossen, machte man aus dem Hof das Rathaus. Der schönste Teil ist der Sitzungssaal aus dem 15. Jh. mit einer prächtigen, getäfelten Decke. Zwei Wandmalereien aus dem 19. Jh. stellen Ereignisse dar,

Sehenswertes

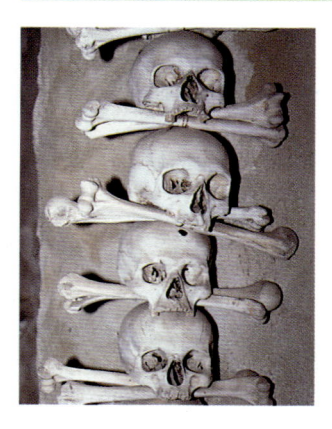

Die Dekorationen im Beinhaus von Sedlec sind aus Menschenknochen gefertigt.

Am Stadtrand auf dem Gelände des Klosters Sedlec gibt es Schauriges sehen. Im **Sedlec-Beinhaus** (*kostnice Sedlec*) ruhen die Gebeine von über 30 000 Menschen, von denen viele im 14. Jh. während der Pest, dem Schwarzen Tod, gestorben sind. Andere wollten hier beerdigt werden, weil sie glaubten, daß ein Abt aus dem 13. Jh. diesen Friedhof durch Erde, die er aus Jerusalem mitgebracht hatte, in einen heiligen Ort verwandelt hätte. Als die Schwarzenberger Ende des 18. Jh. das Kloster erwarben, beauftragten sie einen Holzschnitzer dieser Gegend namens František Rinta, aus den Knochen »etwas Künstlerisches zu schaffen«. Die Früchte seiner Arbeit sind in der unterirdischen Kapelle ausgestellt: vier riesige, glockenförmige Knochenhaufen, ein Kronleuchter, zu dem jeder Knochen des menschlichen Körpers herhalten mußte, Knochenkelche und -kreuze sowie das Schwarzenberger Wappen. Rinta signierte sogar seinen Namen in Knochen – auf der rechten Seite der Treppe.

die sich innerhalb dieser Wände zugetragen haben: die Wahl zum König von Wladislaw Jagiello (1471) und eine Audienz, die Wenzel IV. Jan Hus 1409 gewährte. Die von Wenzel IV. gebaute winzige Wenzels-Kapelle wurde um die Jahrhundertwende vom Jugendstilmaler František Urban mit Fresken bemalt.

Westböhmen

Der westliche Teil des Landes ist ein dünn besiedeltes Wald- und Berglandsgebiet, das bei tschechischen und deutschen Wanderern und Wochenendausflüglern sehr beliebt ist. Die berühmten Kurorte Karlsbad, Marienbad und Franzensbad und natürlich auch die weltberühmte Pilsner-Urquell-Brauerei in Pilsen ziehen schon seit langer Zeit die Besucher an.

PILSEN (Plzeň)

Die viertgrößte Stadt Tschechiens ist auf der ganzen Welt berühmt als Geburtsort des erfrischenden Pilsner Biers, das hier seit dem Mittelalter gebraut wird. Anspruch auf Weltruf hat Pilsen aber auch durch die Škoda-Werke, die von Emil Škoda im 19. Jh. gegründet wurden und die heute noch Maschinen, Lokomotiven, LKWs und PKWs herstellen. 175 000 Menschen leben in dieser modernen Industriestadt, deren mittelalterlicher Stadtkern noch gut erhalten ist.

Der Kern der Altstadt ist der riesige **Platz der Republik** (*náměstí Republiky*), der von verrußten Gebäuden umgeben ist und der im Schatten der kolossalen **St.-Bartholomäus-Kirche** (*kostel sv. Bartoloměj*) liegt. Diese schmucklose, gotische Kirche wurde im Laufe

Auf den Kirchturm von St. Bartholomäus, den höchsten Böhmens, führen 298 Stufen hinauf.

Das Innere der Kirche in Kladruby ist eine harmonische Mischung aus Gotik und Barock.

des 14. und 16. Jh. gebaut und rühmt sich des höchsten Kirchturms in Böhmen (103 m). Ein herrlicher Ausblick auf die Stadt ist der Lohn für jeden, der die 298 Stufen erklimmt.

Neben der Kirche steht die Pestsäule von 1681, und dahinter das Renaissance-Rathaus aus dem 16. Jh. Rechts abbiegend die Pražská-Straße hinunter und dann links die Perlová entlang kommen Sie zu den **Unterirdischen Gängen**. Ein halbstündiger Rundgang führt Sie durch das Labyrinth der Tunnel und Kellergewölbe, die zu mittelalterlichen Zeiten tief in die Felsen unter der Stadt gegraben wurden. Diese Gänge und Kammern wurden nicht nur zur Aufbewahrung des Biers benutzt (wegen der konstanten Temperatur von etwa 10 Grad), sondern auch als Versteck in bösen Zeiten. Jeder Keller hat seinen eigenen Frischwasserbrunnen, einige besaßen sogar eigene Trinkstuben. Am Ende der Perlová-Straße liegt das **Brauereimuseum** (*Pivovarské muzeum*).

Die größte Anziehungskraft auf die Touristen übt zweifellos die **Pilsner-Urquell-Brauerei** (*Plzeňský prazdroj pivovar*) aus. Ursprünglich wurde das Bier in den Kellern unter der Stadt gebraut; im 19. Jh. taten sich mehrere Brauereien zusammen und bauten nach neuesten Errungenschaften der Technik die Städtische Brauerei. Pilsner Urquell (wortwörtlich erste Quelle des

Westböhmen

Pilsner Biers) wird hier seit 1842 gebraut; auf dem Flaschenetikett ist das Eingangstor mit seinem Doppelbogen dargestellt. Führungen finden von Montag bis Samstag um 12.30 Uhr statt und enden mit Kostproben und anschließendem Mittagessen im Biersaal der Brauerei. Führungen können durch ČEDOK (siehe FREMDENFÜHRER und TOUREN auf S. 124) gebucht werden. Jedes Jahr im Oktober findet ein Bierfest statt, ein regelrechtes Oktoberfest.

KLADRUBY (Kladrau)

Etwa 35km westlich von Pilsen liegt das Benediktinerkloster Kladrau (*Kladruby*). Es wurde 1115 von Herzog Wladislaw I. gegründet, im 14. Jh. war es eines der reichsten Böhmens. Während der Hussitenkriege und im Dreißigjährigen Krieg erlitt es schwere Schäden, im 17. Jh. wurde es wieder aufgebaut. Die 1712-26 von Giovanni Battista Santini wiedererbaute **Klosterkirche St. Marien** ist ein bedeutendes Beispiel der böhmischen Barockgotik. Die Kirche wurde vor kurzem erneut restauriert, die übrigen Klostergebäude sind in keinem guten Zustand. Ein Rundgang beginnt im Refektorium mit seinem Fußboden aus Marmor und Stuckverzierungen durch einen Kreuzgang mit Barockskulpturen. Doch läßt sich das alles nicht mit der Pracht von Santinis Klosterkirche vergleichen. Der große, in zartem Grün gehaltene Innenraum bildet ein harmonisches Ganzes, in dem sich gotische Form – hohes, schmales Kirchenschiff mit Spitzbogenfenstern in der Apsis und Strebegewölben mit kunstvollem Stuckrippen – mit überschwenglichen Barockverzierungen vereinen. Der prunkvolle Holzaltar, rotbraun gestrichen, um Marmor zu ähneln, ist ebenfalls ein Gemisch aus Gotik und Barock. Zu beiden Seiten der Marienstatue stehen die Schutzheiligen des Klosters, Benedikt und Wolfgang. Zu Marias Füßen befindet sich eine winzige Statue der Kreuzigung – Christus ist nur mit seiner linken Hand ans Kreuz genagelt; seine rechte

Sehenswertes

fängt das herausströmende Blut der Wunde auf, das dann in den Heiligen Gral fließt. Das ungewöhnliche Predigerpult ist auch einen Blick wert: Es ist aus Birnen- und Walnußholz in der Form eines Schiffsbugs geschnitzt (die Vorstellung der katholischen Kirche als ein Schiff auf stürmischer See war derzeit sehr beliebt).

KARLSBAD (Karlovy vary)

Seit Jahrhunderten werden die mineralhaltigen heißen Quellen Westböhmens zur Behandlung vieler Krankheiten eingesetzt. Vom 17. Jh. an kamen die Kurorte beim europäischen Adel immer mehr in Mode, man strömte in Scharen in der »Saison« in die Heilbäder, und zwar nicht nur zur »Kur«, sondern auch, um die vielen Konzerte und Feste zu genießen, die hier veranstaltet wurden. Musik spielte schon immer eine wichtige Rolle im Gesellschaftsleben der Kurbäder, und im Laufe der Jahre kamen viele berühmte Komponisten zu Besuch, unter ihnen Bach, Beethoven, Brahms und Dvořák. Heute noch bieten Hotels Behandlungen an, bei denen Trinkkuren, Mineralwasserbäder und Schlammpackungen verabreicht werden.

Die größte, älteste und beliebteste Kurstadt Böhmens ist Karlsbad (Goethe kam im ganzen dreizehnmal). Sie wurde 1358 von Karl IV. gegründet, der die ursprüngliche Quelle auf einem Jagdausflug entdeckt haben soll. Die alte Stadt schmiegt sich malerisch in das bewaldete Flußtal der Tepl (*Teplá*), und verbleibt abgesondert von der sich ausbreitenden Neustadt des modernen Karlovy Vary. Die Altstadt besteht größtenteils aus Fußgängerzonen, so daß man seinen Wagen besser auf einem der Parkplätze abstellt.

Auf beiden Seiten des Flußufers der Tepl führen Promenaden, die von Hotels, Restaurants und Geschäften gesäumt sind, an allen größeren Bädern vorbei. Das Thermal-Hotel ist nicht zu übersehen: ein Betonklotz, der zu Zeiten der Kommunisten den Arbeitern Erholung gewährte. Im blumen-

Westböhmen

reichen Dvořák-Park auf der anderen Seite des Flusses kommen Sie zur schmiedeeisernen **Parkkolonnade** (*Sadová kolonáda*). Sie stammt aus den Jahren 1880-81 und ist der erste von fünf Säulengängen. Hier stehen die Brunnen, aus denen das heiße Quellwasser fließt (einer ist zur Zeit für die Öffentlichkeit nicht zugänglich). Besucher spazieren von Brunnen zu Brunnen und trinken dabei aus dem »Karlsbader Becher«, einer sonderbaren Porzellantasse mit einem Trinkschnabel im Henkel. Dazu knabbern sie an *oplátky*, den »Karlsbader Oblaten«.

Die **Mühlbrunnkolonnade** (*Mlýnská kolonáda*) ist ein 1871-81 im Stil des Klassizismus gebauter, großartiger Säulengang. Ihre Statuen stellen die 12 Monate des Jahres dar. Gleich dahinter steht die prunkvolle hölzerne **Marktkolonnade** (*Tržní kolonáde*)

Farbenfrohe Häuser säumen das Ufer der Tepl im berühmten Kurbad Karlsbad.

Sehenswertes

*D*ie Kurgäste trinken auf der Sprudelkolonnade in Karlsbad heißes Quellwasser.

sprudelnde Quellen in der benachbarten Trinkhalle ermöglichen den Kurgästen, von dem Wasser zu kosten.

Am Berghang über der Kolonnade erhebt sich die barocke **Maria-Magdalenen-Kirche** (*kostel sv. Máří Magdalény*). Wie die Prager St.-Niklas-Kirche auf der Kleinseite wurde auch sie von dem Barockarchitekten Kilian Ignaz Dientzenhofer erbaut.

Die **Stará Louka** am rechten Ufer ist die größte Einkaufsstraße der Stadt. Hier finden Sie das berühmte Kristallgeschäft Moser und das elegante Café Elefant. Am Ende der Straße kommen Sie auf eines der großen Hotels, das 1793 eröffnete **Grand Hotel Pupp**, das noch heute das beste Hotel der Stadt ist. Es hat einen prächtigen Rokoko-Speisesaal, einen großen, dekorativen Konzertsaal und ein Kasino.

Eine Gasse an der rechten Seite des Hotels entlang führt Sie zur Zahnradbahn, die zur Aussicht **Diana** den Berg hinaufführt. Hier oben befindet sich ein altes Restaurant; und vom Holzturm erblicken Sie

von 1883, in der die Kaiser-Karl-IV.-Quelle entspringt. Gegenüber befindet sich die unschöne moderne **Sprudelkolonnade** (*Vřídelní kolonáda*) mit der ältesten und heißesten Quelle der Stadt, dem Sprudel (*Vřídlo*). Das Wasser beträgt 72°, 2000 l/min sprudeln bis zu 10m hoch zischend in die Luft. Weniger stark-

Westböhmen

ein herrliches Panorama bewaldeter Hügel und der roten Dächer Karlsbads. Waldwege laden ein zum Spazierengehen oder zum gemächlichen Rückweg in die Stadt hinunter.

Abgesehen von den architektonischen und Kurbadfreuden bietet Karlsbad viele kulturelle Veranstaltungen, zu denen regelmäßige klassische Konzerte, Kunstausstellungen und die Internationalen Filmfestspiele gehören, die jährlich im Juli stattfinden. Mittwochs bis freitags finden um 16.30 Uhr in der Mühlbrunnkolonnade Konzerte statt.

LOKET (Elbogen)

Das bildhübsche Städtchen Loket liegt in einer Flußschleife des Flusses Ohře (Eger) ungefähr 12km südwestlich von Karlsbad. Der Marktplatz ist umgeben von mittelalterlichen Gebäuden und liegt am Fuße einer gotischen Burg aus dem 14. Jh., die sich hoch auf einem Felsvorsprung über dem Fluß erhebt. Ein steiler Weg und ein paar Stufen führen hinauf zur Burg, in der sich eine winzige romanische Kapelle sowie eine Ausstellung von Keramikwaren aus dieser Gegend befinden.

Die dreizehnte Quelle

Ein Arzt aus Böhmen, ein gewisser Dr. David Becher, hat als erster die heißen Quellen von Karlsbad wissenschaftlich erforscht (1789). Er war es, der die ungewöhnlich geformten Porzellantassen erfunden hat, die sogenannten Karlsbader Becher, in deren Griff sich eine Tülle befindet, durch die man das Brunnenwasser wie durch einen Strohhalm saugt. Seine beste Erfindung war jedoch ein Kräuterlikör, der Becherovka, ein dunkelbraunes, dickflüssiges Gebräu, das wie Hustensaft schmeckt. Es wird aus Spaß auch der dreizehnte Brunnen genannt, und Zyniker behaupten, daß es das einzige Brunnenwasser ist, das wirklich gesund macht.

Sehenswertes

CHEB (Eger)

Südwestlich von Karlsbad liegt nur 8km von der deutschen Grenze entfernt die Kreisstadt Cheb. Im Laufe ihrer langen Geschichte hat sie häufig ihren Herrn gewechselt und besonders im Dreißigjährigen Krieg gelitten. Im 19. Jh. erholte sie sich, nach dem Zweiten Weltkrieg verlor sie fast alle Einwohner, größtenteils Deutsche, die vertrieben wurden.

Zentrum der Stadt ist der einstige Marktplatz **König-Georg-von-Poděbrad-Platz** (*náměstí krále Jiřího z Poděbrad*), mit dem Rolandsbrunnen. Ein zweiter Brunnen, der Herkulesbrunnen steht vor dem **Stöckl** (*Špalíček*), einer Gruppe schiefer Fachwerkhäuser der jüdischen Kaufleute. Das ehemalige **Stadthaus** beherbergt heute das Städtische Museum. In diesem Haus wurde Wallenstein 1634 ermordet.

Nordwestlich vom Platz erhebt sich die **Kaiserpfalz**, die Kaiser Friedrich Barbarossa 1167 als einen Vorposten des Heiligen Römischen Reiches im Osten bauen ließ. Festungsanlagen aus rotem Backstein umgeben den furchterregenden Schwarzen Turm, aber auch eine wunderschön restaurierte Kapelle aus dem 12. Jh. mit romanischen Toren, Fenstern und Säulenkapitellen sowie mit gotischen Kreuzgewölben.

Die Kapelle der Kaiserpfalz besitzt schöne frühgotische Kreuzgewölbe.

Westböhmen

FRANZENSBAD
(Františkovy Lázně)

Nur wenige Kilometer nördlich von Cheb liegt Franzensbad, der kleinste und ruhigste der drei großen Kurorte Westböhmens. Es entstand 1793 und wurde nach dem Habsburger Kaiser Franz II. benannt. Elegante, neoklassizistische Gebäude aus dem 19. Jh. stehen dunkelgelb mit strahlend weißen Stuckverzierungen in der Mitte eines großen Parks.

Der **Pavillion der Franzensquelle** (*Františkův pramen*) befindet sich am unteren Ende der Hauptstraße. Ein 20-minütiger Spaziergang durch den Park führt zu einem hübschen kleinen See, der zum Bootfahren einlädt.

MARIENBAD
(Mariánské Lázně)

Das 1809 gegründete Marienbad ist der jüngste der westböhmischen Kurorte. In nur wenigen Jahrzehnten entstand ein eleganter Kurort in einem landschaftlich reizvoll angelegten Park, der sich zwischen den Nadelwäldern des umgebenden Berglandes ausbreitete und bald dem Kurort Karlsbad an Beliebtheit nicht nachstand. Goethe kam 15mal und traf hier seine letzte Liebe, die junge Ulrike von Levetzow; aber auch Wagner, Chopin, die Schriftsteller Mark Twain und Franz Kafka sowie der britische König Edward VII. besuchten Marienbad.

Aus den 40 Quellen fließt kühles und kohlensäurehaltiges Wasser. Die ursprüngliche Quelle ist der **Kreuzbrunnen** (*Křížovy pramen*), der sich unter einer Granitkuppel am Nordende der Stadt befindet. Daneben erstreckt sich die weitaus ansehnlichere Kolonnade (*Kolonáda*), die 1889 erbaut wurde und eine anmutig gewundene, schmiedeeiserne Arkade ist, an deren beiden Enden je ein Pavillon im Neubarockstil steht. Von hier überblickt man die moderne, computergesteuerte **Singende Fontäne**, die nach Einbruch der Dunkelheit von bunten Lampen erleuchtet wird und zu klassischer Musik tanzt. (Es gibt zwei Vorstellungen, die

Sehenswertes

Von der schmiedeeisernen Kolonnade in Marienbad blickt man auf die »Singende Fontäne«.

erste findet um 19 Uhr statt und die zweite um 21 Uhr.)

Hinter dem Springbrunnen führt ein Gartenweg zu einer weiteren (nicht singenden!) Quelle und zu einer klassizistischen Kolonnade, in der sich der Karolínin-Brunnen befindet. Bergauf und links vom Brunnen steht die bemerkenswerte **Mariä-Himmelfahrt-Kirche**, die zwischen 1844 und 1848 nach einem achteckigen Grundriß im neubyzantinischem Stil erbaut wurde. Über der Kirche befindet sich das Herz des ursprünglichen Kurorts, der Goetheplatz (*Goethovo náměstí*), der von eleganten Häusern mit ockerfarbenen Fassaden umringt ist. Am rechtsseitigen Platzende steht das Hotel Kavkaz, ursprünglich das Hotel Weimar, wo sich der britische König Edward VII. am liebsten aufhielt. In der Mitte des Platzes befindet sich das Haus, in dem Goethe während seines letzten Aufenthaltes im Jahre 1823 gewohnt hat. Die ehemalige »Goldene Traube« beherbergt heute das **Stadtmuseum**.

Gut beschilderte Wanderwege durchqueren die Wälder der umgebenden Hügel, und nicht weit entfernt liegt Tschechiens bester Golfplatz, der 1905 im Auftrag von Edward VII. angelegt wurde.

Südböhmen

Die Gegend südlich von Prag bildet ein großes Becken, das von der Moldau (*Vltava*) und ihren Nebenflüssen durchzogen wird. Die bewaldeten Berghänge des Böhmerwaldes (*Šumava*), Quellen der Moldau und Ottawa sind jahrhundertelang die südlichen Grenzen des böhmischen Königreiches gewesen. Unzählige Burgen verteidigen die natürliche Nord-südachse nach Österreich. Der östliche Teil dieser Gegend, die Wittingauer Seenlandschaft (*Třeboňsko*), steht heute unter Naturschutz. Fischteiche aus dem Mittelalter beherrschen diese Marschlandschaft.

Die größte Anziehungskraft üben die Burgen und Schlösser dieser Gegend auf die Besucher aus, wie Český Krumlov (Krumaus), Hluboká (Frauenberg) und Jindřichův Hradec (Neuhaus).

ČESKÉ BUDĚJOVICE (Budweis)

Die bedeutendste Stadt Südböhmens ist Budweis (*České Budějovice*), deren Grundstein 1265 von Ottokar II. Přemysl gelegt wurde. Budweis war auch eine der beiden Endstationen der allerersten, noch von Pferden gezogenen Eisenbahn Europas (die andere war Linz in Österreich). Heute ist Budweis eine Industriestadt

Die beiden Buds

Das bekannte amerikanische Bier Budweiser wurde von Adolphus Busch, einem Einwanderer aus Böhmen, zum ersten Mal 1876 in St. Louis, USA gebraut. Busch hatte den Namen von der tschechischen Brauerei in Budweis, wo er einst angestellt war, »gestohlen«. Das Original-*Budvar* oder Budweiser wird noch immer in der tschechischen Stadt gebraut und ist ein weitaus stärkeres und besser schmeckendes Gebräu als sein amerikanischer Namensvetter.

Sehenswertes

Dieser Türgriff in Frauenberg stellt das schaurige Wappen der Schwarzenbergs dar.

mit 97 000 Einwohnern, die vorwiegend bekannt ist für die hier seit 1847 hergestellten Koh-i-noor-Bleistifte und das seit 1894 gebraute Budweiser.

Der Blickpunkt der Stadt ist der Platz des Ottokar II. Přemysl (*náměstí Přemysla Otakara II.*), der mit einer Länge von 133 m einer der größten Marktplätze Europas ist. Er wird von eleganten Gebäuden aus dem 18. und 19. Jh. umrahmt. Der Samsonbrunnen wurde 1727 errichtet, während das **Rathaus**, ursprünglich ein Renaissancegebäude, 1730 von Anton Erhard Marintelli im Barockstil umgebaut wurde. Gegenüber dem Rathaus erhebt sich die St.-Nikolaus-Kathedrale (17. Jh.). Von der Säulengalerie des recht grimmig aussehenden **Schwarzen Turms** können Sie die ganze Stadt überblicken.

Hluboká nad Vltavou (Frauenberg)

Ungefähr 10km nördlich von Budweis steht auf einem Fels über der Moldau das märchenhafte Schloß Hluboká. Über die Jahrhunderte hat es nicht nur mehrmals den Besitzer gewechselt, sondern auch das Aussehen. Die mittelalterliche Burg aus dem 13. Jh. wurde zunächst in ein Renaissance-, dann in ein Barockschloß umgebaut, ehe sie im 19. Jh. ihre historische, sich am englischen Schloß Windsor orientierende Tudorgestalt bekam. Seit 1661 war das Schoß im Besitz der bayrischen Schwarzenbergs, die bis zum Ende des Zweiten Weltkriegs dort wohnten.

Südböhmen

Heute befindet sich Schloß Hluboká in Staatsbesitz.

Beim Beschreiten der Anlage fallen zunächst die riesigen bronzenen Türgriffe ins Auge. Sie haben die Form eines Sarazenenkopfes, dem eine Krähe die Augen aussticht. Dies ist das schaurige Wahrzeichen der Schwarzenbergs, die damit ihre Erfolge in den Türkenkriegen symbolisierten. Dieses Motiv wiederholt sich im ganzen Schloß (u.a. in den Schlüssellöchern der Innentüren). In einer einstündigen Führung werden dem Besucher eine Reihe von kostbar ausgestatteten Räumen gezeigt, mit kunstvoll geschnitzten, holzgetäfelten Wänden und Decken und hochpolierten Parkettböden. An den Wänden hängen Familienporträts und wertvolle Gobelins aus dem 17. und 18. Jh.

Tábor

Auf der Straße nach Prag kommen Sie etwa 60km von Budweis entfernt nach Tábor. Die Stadt spielte eine zentrale Rolle in den Hussitenkriegen des 15. Jh. Hier legte 1420 Jan Žižka, Heerführer der Hussiten, seine Festung an, die er nach dem biblischen Berg der Verklärung Jesu benannte. Bis zu ihrer Niederlage bei Lipany 1434 war dies der Hauptstützpunkt der Hussiten; endgültig erobert wurde die Stadt

Auf dem Marktplatz von Tábor steht das Standbild des Hussitenführers Jan Žižka.

Sehenswertes

im Jahre 1452 von Georg von Podiebrad.

Das Zentrum der Altstadt ist ziemlich gut erhalten. Auf dem Marktplatz (*Žižkovo náměstí*) herrscht im Schatten des Jan-Žižka-Denkmals an Markttagen reges Treiben. Ein Besuch des ausgezeichneten **Hussitenmuseums** im Rathaus sollte nicht ausgelassen werden. (Ein deutscher Text steht auf Anfrage zur Verfügung). Hinter dem Eingang des Museums steht die Reproduktion der Erfindung von Jan Žižka: ein Bauernkarren mit Holzpanzer, auf den eine Kanone montiert ist – ein Vorläufer des modernen Panzers.

Treboň (Wittingau)

Das Städtchen Wittingau bildet den Mittelpunkt des südböhmischen Seengebietes. Die malerischen Teiche dieser Gegend sind allerdings keine natürlichen Gewässer, sondern künstlich angelegte Fischteiche, die durch Kanäle miteinander verbunden sind. Bereits im 16. Jh. dienten die Teiche der Karpfenzucht. (Der Karpfen ist ein wesentlicher Bestandteil der böhmischen Küche und traditionelles Weihnachtsgericht.)

Wittingau liegt am nördlichen Ufer des riesigen Weltteiches (*Svét*). Der winzige, aber hübsche **Marktplatz** (*Masarykovo náměstí*) in der Altstadt ist von Renaissance- und Barockhäusern umrahmt. Das **Schloß** aus dem 16. Jh. gehörte dem Lebemann Petr Vok, dem letzten der einst hier ansässigen Rosenbergs. Er starb hier 1611 an den Folgen seines ausschweifenden Lebensstils. Die Stadt ging danach in den Besitz der Schwarzenbergs über, die ein neugotisches **Mausoleum** im Park am südlichen Seeufer errichten ließen. Am Svét-Teich und dem benachbarten Opatovicky-Teich gibt es Badestrände.

Jindřichův Hradec (Neuhaus)

Auch Jindřichův Hradec liegt an den Ufern eines großen Fischteiches. Die Stadt wurde im 13. Jh. von Jindřich, dem Gründer des Jindřichův-Hradec-Zweiges der Rožmberk-

Familie, erbaut. Die Herren von Hradec, wie seine Nachkommen genannt wurden, waren im Mittelalter sehr mächtig und einflußreich und hatten hohe Positionen am königlichen Hof inne. Ihr hohes Ansehen spiegelte sich in dem herrlichen **Wasserschloß** wider, das sie hier bauen ließen, ein gotisches Bauwerk, das im 16. Jh. erheblich vergrößert und im Stil der Renaissance wieder erbaut wurde. Vor nicht allzu langer Zeit ist das Schloß wieder restauriert worden und steht jetzt ganz oben auf der Liste der tschechischen Sehenswürdigkeiten.

*R*ožmberk liegt malerisch am Flußufer der Moldau und unten am Schloßberg.

Wählen Sie unter drei einstündigen Führungen: Tour A führt durch die **Adamsräume**, luxuriöse Renaissance-Gemächer mit bemalten Holzdecken, die im 16. Jh. für Adam II. von Hradec, den Hochherrschaftlichen Kanzler von Böhmen, gebaut wurden. Tour B führt durch den alten romanisch-gotischen Palast und durch die mittelalterlichen Küchenräume der Burg; und Tour C erklärt die historischen und baukünstlerischen Entwicklungen des Schlosses und schließt einen Besuch des berühmten Rondells ein.

Der Höhepunkt der Schloßführung im alten gotischen Palast (Tour B) ist der **Zeremoniensaal**, dessen Wände mit Originalfresken des 14. Jh. geschmückt sind, die die grausigen Einzelheiten aus dem Leben des hl. Georgs darstellen. Der Auftraggeber dieser Bilder, Oldrich III. von Hradec, erscheint linksseitig von einer der romanischen Portale. Er trägt das Wappen der Hradecs, eine goldene Rose auf azurblauem Feld.

Tour C führt durch den Schloßgarten zu einem der ungewöhnlichsten Renaissancebauten Europas, nämlich zum reizvollen Gartenpavillon, dem **Rondell**. Es wurde 1590 nach den Plänen des italienischen Architekten Baldassare Maggi erbaut und zeichnet sich durch seinen kreisförmigen Grundriß und sein konisches Spitzdach aus. Innen ist der Bau mit vergoldetem Stuckwerk verziert.

ČESKÝ KRUMLOV (Böhmisch-Krumau)

Umringt von einer engen Moldauschleife und beschützt von einem romantischen Renaissanceschloß, verdient Krumau seinen Ruf als schönste Stadt Böhmens. Das Schloß wurde im 13. Jh. von den Vítkovecs (Witigonen) gebaut; als aber diese Linie 1302 ausstarb, gingen es mit der inzwischen entstandenen Stadt an die Rožmberks (Rosenbergs) über. Sie machten Krumau zum Verwaltungszentrum ihrer riesigen Besitztümer und die Schloßanlage zur zweitgrößten des Landes (nach Prag). Zu Beginn des 17. Jh. kam das Schloß in die Hände der Habsburger und der Eggenberger, bis es 1715 an die Schwarzenberger ging.

Das **Schloß** blickt von einem Felsvorsprung über den Fluß und auf die Altstadt. Eine Brücke führt über einen Bärengraben in den Schloßhof, der im Schatten des eindrucksvollen **Rundturms** liegt, mit einer bunten Renaissancegalerie von 1580. Die Aussicht von der Galerie ist herrlich (Eintritt

Südböhmen

extra). Durch eine zweite Passage geht es in einen Hof, wo die Karten für die Schloßführung verkauft werden. Höhepunkte der Führung sind die Gemächer der Rožmberks aus dem 16. und 17. Jh., ein entzückendes Kabinettzimmer im Rokokostil mit einem vielfarbigen Kronleuchter aus Porzellan; eine riesige vergoldete Kutsche, die einst dazu diente, Geschenke zum Vatikan zu bringen, und ein **Ballsaal**, dessen Wände mit *Trompel'oeuil*-Gemälden eines Maskenballs bedeckt sind. Eine überdachte Brücke zwischen

---

Das Land der Rose

Die Vítkovec-Familie, die vom 13. bis zum 17. Jh. über Süd-Böhmen herrschte, waren die Nachfahren des Vítek von Prčice, eines bedeutenden Fürsten, der gegen Ende des 12. Jh. gelebt hatte. Legenden erzählen, daß Vítek seine Besitztümer unter seinen vier Söhne aufteilte und für jeden eine Variante seines eigenen Wappenemblems, einer fünfblättrigen Rose bestimmte. Die drei Hauptzweige waren die Herren von Hradec (goldene Rose auf azurblauem Hintergrund), Rožmberk (rote Rose auf silbernem Hintergrund) und Třeboň (silberne Rose auf rotem Hintergrund). Der Krumlov-Zweig starb 1302 aus, und seine Besitztümer wurden auf die Rožmberks (Rosenbergs) vererbt, die dadurch so mächtig wurden, daß die ganze Familie oft die Rožmberks und nicht die Vítkovecs genannt wurde.

Der Einfluß der Rožmberks hatte sich im Süden derartig verbreitet, daß die ganze Gegend als das Land der Rose bekannt wurde. Die Städte dieser Region wurden Rosenstädte genannt. Die Rose des Wappens ist noch heute in vielen Schlössern, Kirchen und Klöstern dieser Gegend zu sehen. Der letzte, direkte männliche Erbfolger, Petr Vok Rožmberk, starb im Jahre 1611, anschließend gingen die Besitztümer der Rožmberks in andere Hände über.

Touristen versammeln sich im Renaissancehof des Schlosses Krumau.

aus dem 16. Jh. Die Moldau, die die Altstadt fast völlig umschließt, ist bei Paddelbootfahrern sehr beliebt, die versuchen, über das Wehr unterhalb des Schlosses zu kommen.

BÖHMERWALD (Šumava)

Die dicht bewaldeten Hänge des Böhmerwalds, einer natürlichen Grenze zwischen Tschechien, Österreich und Deutschland, erstrecken sich über ungefähr 125km den südwestlichen Rand Böhmens entlang. Viele Jahre lang war diese Gegend Niemandsland – ein verbotenes Grenzgebiet im Schatten des Eisernen Vorhangs. Heute ist diese Gegend wieder allen Menschen zugänglich gemacht worden, und Seen und Wälder laden zu Sport und Spiel im Freien ein.

dem Schloßfelsen und dem gegenüberliegenden Berg führt zum Schloßpark mit seinem hübschen **Rokokotheater**.

Zur **Altstadt** geht es denselben Weg zurück und hinunter zum Fluß. 1992 wurde die Altstadt von der UNESCO zu einer Weltkulturstätte erklärt. Das dichte Gedränge der mittelalterlichen Gebäude wird von dem nadelartigen Turm der **St.-Veits-Kirche** (*kostel sv. Víta*) überragt. In der Kirche befindet sich eine prunkvolle Grabstätte, die Vílem gewidmet ist, einem der Rožmberks

See Lipno (Lippensee)

Durch den Staudamm quer vor den Quellflüssen der Moldau entstand der Lipno-See (Lippensee), Tschechiens großflächigstes Gewässer. An seinem Nordufer gibt es Campingplätze und kleine Erholungsorte mit Badestränden. Das Südufer, das unter der kommunistischen Regierung eine verbotene Militärzone war, wurde jetzt wieder zum Wandern freigegeben. Der See selbst ist ideal zum Baden, Bootfahren und Windsurfen.

Vyšší Brod (Hohenfurth)

Vom Lipno-Staudamm windet sich die Straße neben dem Fluß durch ein verschlungenes Tal, bis sie das Dorf Vyšší Brod erreicht. Vok I. von Rožmberk errichtete hier 1259 ein Zisterzienserkloster, nachdem er von der Jungfrau Maria aus den wildbrausenden Fluten des Flusses errettet worden sein soll. Das Kloster überlebte bis 1950, als es von der kommunistischen Regierung geschlossen wurde; aber vor kurzer Zeit wurde es dem Orden wieder zurückgegeben und wird zur Zeit restauriert.

Die Führung beginnt in der **Klosterkirche**, die im 14. Jh. erbaut wurde, jedoch zu Zeiten des Barock und im 19. Jh. Veränderungen unterlag. Unter dem gotischen Gewölbe erhebt sich ein herrlicher Barockaltar mit einem Gemälde der Mariä-Himmelfahrt (wie in allen Zisterzienser-Klostern) und mit Heiligenstatuen sowie dem Wappen der Rožmbergs. Das Gemälde auf der rechten Seite stellt Voks wundersame Rettung aus der Moldau dar, das linke Bild Vok bei der Weihung des Klosters. Im Südquerschiff befindet sich in der **Marienkapelle** ein Abbild der berühmten Madonna (*Vyšší Brod Madonna*) – das Original befindet sich im St.-Georgs-Kloster in der Prager Burg; Vok erscheint kniend in der linken unteren Ecke. In der Kapelle im Nordquerschiff ist das Grabmal von Petr Vok (gestorben 1611), einem Nachfolger des Klostergründers und der letzte in der Rožmberk-Linie.

Sehenswertes

Den Kreuzgang entlang geht es zum frühgotischen **Kapitelsaal**, in dem vier Kreuzrippengewölbe von einem einzigen Bündelpfeiler getragen werden. Die Führung endet mit einem Besuch der Gemäldegalerie und der Bibliothek.

Rožmberk nad Vlatvou (Rosenberg)

Landschaftlich herrlich gelegen thront Schloß Rosenberg hoch oben auf einem Felsvorsprung über der Moldau; hier ist der Ahnensitz der Rosenbergs (Rožmberks), einer der bedeutendsten Adelsfamilien Böhmens. Obwohl die Familie 1302 nach Krumau übergesiedelt war, blieb ihr Interesse an ihrem ehemaligen Heim erhalten, und im Laufe des 16. Jh. wurde die alte Burg in ein elegantes Renaissanceschloß umgebaut. Mit dem Aussterben der Rosenbergs ging das Schloß über zu den Schwarzenbergs und später zu der Familie Bouquoy.

Eine Schloßführung schließt die Besichtigung mehrerer prunkvoller Räume ein. Der **Rosenbergsaal** enthält u.a. Andenken an den Gründer der Burg. Hier hängt auch ein Portrait der Berta von Rosenberg, der sogannten »Weißen Frau«, von der erzählt wird, daß sie im Schloß Krumau und in anderen Häusern der Rosenbergs als Gespenst umgeht. Die **Kreuzfahrergalerie**, die von den Bouquoys im neugotischen Stil neu ausgestattet wurde, enhält Portraits und Wappen der Führer von Kreuzzügen (unter ihnen befanden sich auch die Vorfahren der Bouquoys).

Das Prunkstück jedoch ist der **Rittersaal** mit seiner mit grotesken und bunten Bildern bemalten Kassettendecke und Gemälden, auf denen die Planeten dargestellt sind. Hinter einem Eisengitter befindet sich ein Fresko des Hephaistos und des Herkules mit einer Musikkapelle; das Ganze ist mit echten Juwelen verziert. Bevor der Besucher den Saal verläßt, sollte er aber einen Blick hinter den Ofen werfen, wo sich die Figur des »Todes« hinter einem gemalten Vorhang versteckthält.

Hotel- und Restaurantempfehlungen

Hotelempfehlungen

In den letzten fünf Jahren hat sich das Hotelwesen in Tschechien erheblich verbessert. Der Zimmermangel in Prag hat nachgelassen, jedoch sind die Preise stark angestiegen. Hier ist es inzwischen ebenso teuer zu übernachten wie in jeder anderen westeuropäischen Hauptstadt. Anderswo sind mit Ausnahme von Karlsbad und Marienbad die Zimmerpreise recht reell. Die alten Hotels sind renoviert worden, und viele neue wurden gebaut, meist mit hohem Niveau.

Es empfiehlt sich, Hotelzimmer in Prag und Karlsbad im voraus zu bestellen, insbesondere in den Sommermonaten und während der Festspielwochen. Hotelpreise sind gewöhnlich inklusive Frühstück, und in den Kurorten Westböhmens wird zuzüglich eine Kurtaxe von ungefähr 15 Kč erhoben. Folgende Symbole gelten für die Preise für ein Doppelzimmer mit Bad oder Dusche und inklusive Frühstück:

▯	bis zu 1500 Kč
▯▯	1500-2500 Kč
▯▯▯	2500-3500 Kč
▯▯▯▯	über 3500 Kč

PRAG

Hotel Ametyst ▯▯▯
Jana Masaryka 11, Prag 2
Tel: (02) 691 17 58;
Fax: (02) 691 17 90
86 Zimmer. Helles, modernes Hotel in einem reizvoll neu ausgestatteten Gebäude in einer ruhigen Seitenstraße, ungefähr 10 Minuten zu Fuß südlich vom Wenzelsplatz und 5 Minuten zur Metro-Station I.P. Pavlova (Linie C). Alle Zimmer mit TV und Bad. Das Hotel bietet Parkmöglichkeiten, Sauna und Fitneßstudio.

Hotel Atrium ▯▯▯▯
Probřežní 1, Prag 8
Tel: (02) 24 84 11 11;
Fax: (02) 24 81 18 96
788 Zimmer. Eines der größten Hotels des Landes, das trotzdem nicht ohne Reiz ist. Die luxuriösen Zimmer gehen von einem mit Marmor ausgestatteten Atrium ab, das mit Springbrunnen und Grünpflanzen geschmückt ist. Das Hotel bie-

Hotelempfehlungen

tet Geschäfts- und Konferenzräume, Sauna, Solarium, Fitneßcenter, Schwimmbad und Tennis.

Hotel Central
Rybná 8
Prag 1
Tel: (02) 24 81 20 41;
Fax: (02) 232 84 04
90 Zimmer. Hotel im alten Stil in ruhiger Straße, ein paar Minuten vom Altstadt-Platz entfernt. Einfache, aber blitzsaubere Zimmer mit Bad. Restaurant und Bar.

Hotel Diplomat
Evropská 15, Prag 6
Tel: (02) 24 39 41 72
Fax: (02) 24 39 42 15
384 Zimmer und Suiten. Etwa 3 km außerhalb des Stadtzentrums, mit der Metro aber leicht erreichbar. Der Zugang ist behindertengerecht eingerichtet, ebenso wie fünf Zimmer. Restaurant, Geschäftszentrum, Feinschmeckerrestaurant, Bar und Nachtclub.

Hotel Esplanade
Washingtonova 19
Prag 1
Tel: (02) 24 21 17 15
Fax: (02) 24 22 93 06
63 Zimmer. Ein eher kleines und vornehmes Hotel aus den 20er Jahren. Ruhig, aber nahe beim Wenzelsplatz gelegen, ist es eines der besten Hotels in Prag. Das Restaurant ist sehr beliebt.

Grand Hotel Evropa
Václavské náměstí 25
Prag 1
Tel: (02) 24 22 81 87;
Fax: (02) 236 52 74
89 Zimmer und Suiten. Ein gut erhaltenes architektonisches Wahrzeichen mit herrlichem Dekor im Jugendstil, das 1889 fertiggestellt wurde. Das Hotel, mit Ausblick auf den Wenzelsplatz, ist ein wunderbarer Ort, um Lokalatmosphäre zu schnuppern.

Hotel Forum Praha
Kongresová 1
Prag 4
Tel: (02) 61 19 11 11;
Fax: (02) 61 21 16 73
531 Zimmer. Dieser ultramoderne Wolkenkratzer befindet sich neben der Metrostation Vysehrad (Linie C), kaum 5 Minuten von der Altstadt entfernt. Luxuszimmer mit allem Komfort und 24-Stunden-Zimmerservice; schöner Pool.

Hotel Paříž
U Obecního domu 1
Prag 1
Tel: (02) 24 22 21 51;
Fax: (02) 24 22 54 75
96 Zimmer und 2 Suiten. Herrliche neugotische Architektur und

Hotelempfehlungen

Jugendstil-Dekor, ursprünglich 1907 erbaut und 1984 zum Nationaldenkmal erklärt. Gute Altstadt-Lage in der Nähe des Pulverturms.

Hotel Jalta Praha
Václavské náměstí 45
Prag 1
Tel: (02) 24 22 91 33;
Fax: (02) 24 21 38 66
89 Zimmer. Ein kleines, aber luxuriöses Hotel im alten Stil mit Ausblick über den Wenzelsplatz. Ausgezeichnetes Restaurant, das sich auf tschechische Küche und mährische Weine spezialisiert hat; Terrassenbar, Kasino, Konferenzräume und Business-Center.

Karl Inn
Šaldova 54
Prag 8
Tel: (02) 24 81 17 18;
Fax: (02) 24 81 26 81
156 Zimmer und Suiten. Komfortables Hotel im Vorort Karlín, in der Nähe der Metrostation Křižikova (Linie B). Das Hotel hat eine Tiefgarage, einen hoteleigenen Bus und Behindertenzugang.

Hotel Kavalír
Plzeňská 177
Prag 5
Tel/Fax: (02) 52 44 23
49 Zimmer (davon 5 behindertengerecht). Ein komfortables und freundliches, neues Hotel, 3 km von der Stadtmitte entfernt, an der E 50 in Richtung Pilsen). Tiefgarage; die Zimmer haben Bad und TV.

Hotel Palace
Panská 12
Prag 1
Tel: (02) 24 09 31 11;
Fax: (02) 235 93 73
125 Zimmer und Suiten. Dieses exklusive Hotel im Zentrum wurde einst von der europäischen Aristokratie sehr geschätzt und bietet noch immer eine angenehme Atmosphäre.

Hotel President
Náměstí Curieových 100
Prag 1
Tel: (02) 231 48 12;
Fax: (02) 231 82 47
90 Zimmer und Suiten. Zentrale Lage am Fluß mit Aussicht auf die Burg. Restaurants, Bars, Nachtclubs, Terrasse und Kasino.

Hotel Splendid
Ovenecká 33
Prag 7
Tel: (02) 37 33 51;
Fax: (02) 38 23 12
35 Zimmer mit Bad und TV. Ein komfortables Hotel in einer reizvollen Straße beim Ausstellungsgelände. Gute Straßenbahnverbindung (Nr. 26) in die Altstadt.

Hotelempfehlungen

Hotel Ungelt
Šupartská 1
Prag 1
Tel: (02) 24 81 13 30;
Fax: (02) 231 95 05
10 große, luftige Zimmer, manche mit holzgetäfelten Decken. Ein exklusives Hotel und das einzige im Herzen der Altstadt.

Hotel U Raka
Černínská 10
Prag 1
Tel: (02) 35 14 53;
Fax: (02) 35 30 74
5 Zimmer. Hübsch dekoriertes, intimes Hotel in Burgnähe. Erst vor kurzem renoviert.

Hotel U Tří Pštrosů
Dražického náměstí 12
Prag 1
Tel: (02) 24 51 07 79;
Fax: (02) 53 61 55
18 Zimmer. Direkt an der Karlsbrücke gelegen und eines der besten Familienhotels in Prag.

Hotel U Zlaté Studně
Karlova 3
Prag 1
Tel. (02) 22 05 93
Dieses am ehemaligen Königsweg gelegene Hotel hat nur zwei historisch eingerichtete Apartements. Erstklassiges Restaurant (siehe Seite 78).

KARLSBAD

Bristol Lázeňské Sanatorium
Sadová 19
Tel: (017) 21 35 14;
Fax: (017) 266 83
92 Zimmer. Komfortable Unterkunft. Badekuren, ärztliche und zahnärztliche Behandlung stehen auf dem Programm, dazu Sauna, Fitneßcenter, Schwimmbad, Friseur. Ausgezeichnetes Restaurant (Zubereitung von Spezialkost).

Grand Hotel Pupp
Mírové náměstí 2
Tel: (017) 20 91 11;
Fax: (017) 322 40 22
270 Zimmer. Großes Luxushotel in wunderschöner Umgebung mit ausgezeichneten Einrichtungen. Das Hotel, ein großartig angelegtes Barockherrenhaus, wurde 1701 erbaut und war einst eine Lieblingszuflucht der europäischen Königshäuser. Mit Gourmetrestaurant, Cocktail-Bar und Kasino.

Hotel Dvořák
Nová louka 11
Tel: (017) 241 45;
Fax: (017) 228 14
87 Zimmer. Dieses Hotel unter österreichischer Leitung bietet beste Unterkunft in einem historischen Gebäude. Ausgezeichnetes

Hotelempfehlungen

Restaurant, Sauna, Badekuren und Fitneßcenter.

Motel Gejzír Park Pupp
Slovenská 9
Tel: (017) 251 01;
Fax: (017) 252 25
64 Zimmer. Drive-in Motel und Campingplatz einige Kilometer außerhalb der Stadt. Gemütliche, altmodische Zimmer mit Bad und TV. Restaurant, Imbißbar, Pool.

Hotel Puškin
Tržisté 37
Tel: (017) 322 26 46;
Fax: (017) 322 41 34
40 Zimmer. Ein ansprechendes, neu ausgestattetes Gebäude im Herzen des Kurortes, mit Blick auf den Sprudel-Springbrunnen. Alle Zimmer mit Bad. Speiseterrasse.

MARIENBAD (Mariánské Lázně)

Hotel Palace
Hlavní třída 67
Tel: (0165) 2222;
Fax: (0165) 4262
48 Zimmer. Altmodisches Hotel mit entsprechend höflicher Bedienung. Die besten Zimmer dieses kürzlich im italienischen Stil renovierten Hotels blicken auf den Hauptplatz der Stadt. Zwei Restaurants, das eine ist auf tschechische Gerichte, das andere auf französische spezialisiert.

PILSEN (Plzeň)

Hotel Central
Náměstí Republiky 33
Tel: (019) 22 67 57;
Fax: (019) 22 60 64
69 Zimmer. Von außen betrachtet sieht das Gebäude wie ein Betonklotz ohne jeglichen Charakter aus, aber die Zimmer sind komfortabel und mit Bad und TV. Direkt am Hauptplatz gelegen.

Hotel Panorama
Vlomech 11
Tel: (019) 53 43 23;
Fax: 53 43 28
25 Zimmer. Ein helles, modernes Hotel in angenehmer Lage am Stadtrand. Alle Zimmer mit Badezimmer, TV und Video. Parkmöglichkeiten, Restaurant, Sauna und Fitneßcenter.

BUDWEIS (České Budějovice)

Hotel Balakár
Masarykova 69
Hluboká nad Vltavou
Tel/Fax: (038) 96 55 16
11 Zimmer. Attraktives kleines Hotel am Fuß der Burg Hluboká. Empfehlenswertes Restaurant.

Hotelempfehlungen

Motel Dlouhá Louka
Stromovka 8
Tel: (038) 731 17 57;
Fax: (038) 531 41
50 Zimmer. Preiswertes Motel mit Campingplatz am südlichen Stadtrand, an der Straße nach Krumau (Český Krumlov). Altmodische Zimmer mit Bad und Schwarz-Weiß-Fernsehen.

Hotel Zvon
Náměstí Přemysla Otakara II
Tel: (038) 731 13 83;
Fax: (038) 731 13 85
83 Zimmer, davon einige behindertengerecht. Hübsches, historisches Gebäude mit Blick auf den Hauptplatz. Komfortable Zimmer mit Bad und Schwarz-Weiß-Fernsehen. Die preiswerteren Zimmer sind ohne Bad.

ČESKÝ KRUMLOV (Krumau)

Hotel Růže
Horni 153
Tel: (0337) 22 45;
Fax: (0337) 38 81
55 Zimmer. Ein ehemaliges Jesuiten-Kollegium in der Altstadt nahe dem Veitsdom. Die meisten Zimmer haben Bad und einen herrlichen Ausblick. Restaurant und Bar. Reit- und Angelausflüge können arrangiert werden.

TŘEBOŇ (Wittingau)

Petra Voka
Holičky 40
Tel/Fax: (0333) 4000
30 Zimmer. Neueres, an der Straße nach Wien gelegenes Motel. Helle, moderne Zimmer, lebhafte Bar. Restaurant.

Hotel Regent
Lázeňská 1008
Tel: (0333) 42 51;
Fax: (0333) 42 53
42 Zimmer. Lassen Sie sich vom Äußeren nicht täuschen, dies ist ein sehr komfortables Hotel. See und Strand sind ganz in der Nähe.

BRÜNN (Brno)

Hotel Austerlitz
Táborského nábřeží 3
Tel: (05) 43 21 47 18;
Fax: (05) 32 21 51
32 Zimmer. Vorzüglich geführtes Hotel mit Restaurant, Bar und Konferenzräumen. Zentral in der Nähe des Messegeländes gelegen.

Myslivna
Nad Pisarkami 1
Tel: (05) 38 32 47 56;
Fax: (05) 42 22 00 12
Wer mit dem Wagen unterwegs ist, kann zu diesem Zufluchtsort auf einer bewaldeten Bergkuppe ein

Hotelempfehlungen

wenig westlich der Stadt entweichen. Komfortable, moderne Zimmer mit Bad und TV. Restaurant und Bar. Wanderwege und Joggingrouten in der Nähe.

Hotel Slavia
Solniční 17/15
Tel: (05) 42 21 50 80;
Fax: (05) 42 2117 69
102 Zimmer. Zentrale Lage wenige Minuten zu Fuß vom Hauptplatz zur náměstí Svobody. Zimmer mit Bad und TV. Restaurant, Café und Terrassenbar.

PRESSBURG
(Bratislava)

Hotel Danube
Rybné námestie 1
Tel: (07) 34 08 33;
Fax: (07) 999
Eines der neuesten und luxuriösten Hotels der Stadt, leicht zugänglich gleich neben der SNP-Brücke. Zimmer mit Bad und Satelliten-Fernsehen. Ausgezeichnetes Restaurant sowie aller Komfort in einem 5-Sterne-Hotel.

Hotel Turist
Ondavská 5
Tel: (07) 526 27 89;
Fax: (07) 204 82 63
90 Zimmer. Komfortables, modernes Hotel, ca. 2,5 km nordöstlich vom Stadtzentrum. Mit der Straßenbahn Nr. 12 ist man in zehn Minuten im Stadtzentrum. Saubere, helle Zimmer mit Bad und Balkon. Restaurant und bewachter Parkplatz.

KÖNIGGRÄTZ
(Hradec Králové)

Hotel Alessandria
Třída SNP 733
Tel: (049) 451 71;
Fax: (049) 428 74
55 Zimmer. Das alte ČEDOK-Hotel liegt ungefähr 2 km nordöstlich vom Zentrum und mit der Straßenbahn mühelos erreichbar. Alte, aber gemütliche Zimmer mit Bad und Fernsehen. Freundliches Personal; kleiner Parkplatz und Restaurant.

Hotel Černigov
Riegrovo náměstí 1494
Tel: (049) 69 01 11;
Fax: (049) 329 98
150 Zimmer. Großer, moderner Hotelkomplex gegenüber vom Bahnhof. Von hier ist es nicht weit zur Neustadt mit ihren Geschäften und Restaurants. Alle Zimmer haben Bad und Fernsehen. Das Hotel hat ein eigenes Restaurant und Café. In der Bar und Disco können sich Besucher bis spät in der Nacht vergnügen.

Hotelempfehlungen

MEZNÍ LOUKA (Rainwiese)

Hotel Mezní Louka
Mezní Louka
Tel: (0412) 981 89
35 Zimmer. Wanderhütte mit einfacher Unterkunft in der Böhmischen Schweiz. Die Felsformationen sind ganz in der Nähe.

ROŽNOV POD RADHOŠTĚM (Rozschnau am Radhoschst)

Hotel Éroplán
Horní Paseky
Tel: (0651) 558 35;
Fax: (0651) 572 17
25 Zimmer, einige davon mit Behindertenzugang. Helles, modernes Motel am östlichen Stadtrand. Hübscher als das Tesla, aber meist ausgebucht. Alle Zimmer haben Bad und TV. Parkmöglichkeiten und Restaurant.

Hotel Tesla
Meziríčská 1653
Tel: (0651) 545 35;
Fax: (0651) 545 46
57 Zimmer. Ziemlich düster, aber sauber und komfortabel. Alle Zimmer mit Bad und Balkon. Das Hotel hat einen Parkplatz, ein Restaurant, ein Café und eine Bar. Nur zehn Minuten zum Museum.

OLMÜTZ (Olomouc)

Hotel Gemo
Pavelčákova 22
Tel/Fax: (068) 286 25
28 Zimmer. Ein neues Hotel, in einem historischen Gebäude nicht weit vom Hauptplatz gelegen. Komfortable Zimmer mit Bad, Minibar und Fernsehen. Es gibt Möglichkeiten zum Parken, ein Restaurant, ein Café und eine Bar.

Hotel Národní dům
ul. 8. Května 21
Tel: (068) 522 48 06;
Fax: (068) 522 48 08
43 Zimmer. Zentral gelegenes Hotel aus dem 19. Jh., das renoviert wurde, aber seinen alten Charakter bewahrt hat. Saubere, komfortable Zimmer mit Bad. Gutes Restaurant.

Hotel Prachárna
Kelovská 90
Olomouc
Tel: (068) 541 12 71;
Fax: (068) 541 12 812
8 Zimmer. Attraktives, modernes Drei-Sterne-Hotel ca. 1,5 km nordwestlich vom Stadtzentrum an der Straße nach Mohelnice. Das Hotel wurde über den Kellergewölben einer Festung gebaut. Alle Zimmer mit Bad und Satelliten-Fernsehen. Gute Parkmöglichkeiten.

Restaurantempfehlungen

In den letzten Jahren wurden in der Tschechischen Republik Hunderte von neuen Restaurants eröffnet. Besonders in Prag sieht man jede Woche neue Lokale, während andere ebenso schnell und oft schließen. Davon sind einige gut, einige ausgezeichnet, andere ausgesprochen schlecht. Es ist daher nicht leicht, auf dem laufenden zu bleiben, es sei denn, man lebt hier. Die beste Auskunftsquelle über die neusten Restaurants in Prag sind die *Prague Post* und *Velvet* (siehe MEDIA, S. 000). Im übrigen Teil des Landes muß man seinem Instinkt vertrauen. Sollten Sie während Ihrer Reise ein gutes Restaurant entdecken, wären wir Ihnen dankbar, wenn Sie uns diese Information zukommen ließen.

Berlitz hat hier eine Liste von Restaurants zusammengestellt, die bereits länger existieren, so daß man weiß, daß sie gute Dienstleistungen erbringen. In den guten Restaurants empfiehlt es sich, eine Vorbestellung zu machen.

Folgende Symbole gelten für ein Menü mit drei Gängen für zwei Personen (ohne Getränke):

▋▋▋▋	über 1000 Kč
▋▋▋	700-1000 Kč
▋▋	300-700 Kč
▋	bis 300 Kč

PRAG

Cornucopia
Jungmannova 10
Prag 1
Tel: (02) 24 22 09 50
Geöffnet werktags von 9.30 bis 23 und am Wochenende von 10 bis 22 Uhr. Eine amerikanische Imbißstube mit einem weitläufigen Angebot von Sandwiches, Suppen, Salaten und Süßspeisen. Amerikanisches Frühstück gibt es montags bis freitags, »Brunch« samstags und sonntags von 10 bis 14 Uhr.

Country Life
Jungmannova 1
Prag 1
Tel: (02) 24 19 17 39
Geöffnet montags bis donnerstags von 8.30 bis 18.30 Uhr; freitags von 8.30 bis 15 Uhr, am Wochenende geschlossen. Selbstbedie-

Restaurantempfehlungen

nungsrestaurant mit vegetarischer Kost. Auf der Speisekarte stehen Sandwiches, Salate, Pizzas und Tofu-Gerichte.

The Globe
Janovského 14
Prag 7
Keine Reservierungen
Geöffnet von 10 bis 24 Uhr. Ein lebhaftes, aber auch oft verräuchertes Café in einem englischen Bücherladen, auf der anderen Flußseite nördlich der Altstadt. Guter Kaffee, guter Kuchen und gutes Gebäck.

Karvárna Meduza
Belgicka 17
Prag 2
Keine Reservierungen
Geöffnet von 11 bis 2 Uhr morgens. Reizendes Café ein paar Minuten zu Fuß entfernt von der Metro-Station I.P. Pavlova. Antik möbliert mit Stimmung, die Gäste sind jung und Schickimicki. Suppen, Sandwiches und Pfannkuchen, Kaffee, Wein und Bier.

Lisboa
Argentinská 1
Prag 7
Tel: (02) 684 51 97
Täglich von 9 bis 23 Uhr geöffnet. Lebhaftes portugiesisches Restaurant, das Fisch- und Hühnergerichte mit phantasievollen Soßen und Gewürzen serviert. Gute Auswahl an Salaten und Desserts.

Molly Malone's
U obecního dvora 4
Prag 1
Tel: (02) 231 62 22
Täglich von 11 bis 0.30 geöffnet. Ein irisches Pub mit irischen Spezialitäten und einer guten Auswahl an Steaks. In der Josephstadt beim Kloster St. Agnes gelegen.

Monterey Mike's
Krížovnické námĕstí 1
Prag 1
Tel: (02) 24 09 71 00
Geöffnet von 11 bis 23 Uhr (Bar bis 2 Uhr). Tex-Mex Restaurant voller Betrieb und Leben und mit Blick auf den Fluß, in der Nähe der Altstadt am Ende der Karlsbrücke gelegen. Auf dem Menü stehen Burritos, Tacos, Chimichangas und Nachos, die alle gut zum lokalen Staropramen-Bier schmecken.

Na Rybárně
Gorazdova 17
Prag 2
Tel: (02) 29 97 95
Geöffnet montags bis freitags von 12 bis 24 Uhr und am Wochenende von 12 bis 16 Uhr. Ein reizvolles kleines Fisch-Restaurant, das auch vom Präsidenten besucht wird.

Restaurantempfehlungen

Nachdem Sie sich Ihren Fisch ausgesucht haben, wird er gewogen und nach Wunsch zubereitet. Die Preise auf dem Menü gelten für 100 g (vor der Zubereitung).

Nebozízek
Petřínské sady
Prag 1
Tel: (02) 53 79 05
Geöffnet von 11 bis 18 und 19 bis 23 Uhr. Im Winter montags geschlossen. Der Weg zu diesem eleganten Restaurant führt mit der Zahnradbahn zum Laurenziberg hinauf. Auf der Speisekarte stehen diverse tschechische und internationale Gerichte. Tischbestellung wird empfohlen.

Opera Grill
Karolíny Světlé 35
Prag 1
Tel: (02) 26 55 08
Geöffnet von 19 bis 2 Uhr. Intimes Luxusrestaurant. Lange Speisekarte mit erlesenen Weinen und Gerichten, darunter Steaks, Wild und Fisch. Vorbestellung ist unbedingt erforderlich.

Parnas
Smetanovo nábřeží 2
Prag 1
Tel: (02) 24 22 76 14
Täglich von 12 bis 15 Uhr und von 18 bis 23.45 geöffnet. Romantisches Restaurant am Flußufer, attraktives Interieur im Jugendstil. Erstklassiges Essen, exzellenter Service. Blick auf die Burg. Sonntags gibt es von 11 bis 14.30 Uhr Brunch, dazu Live-Jazz.

Pizzeria Kmotra
V jirchářích 12
Prag 1
Tel: (02) 24 91 58 09
Geöffnet von 11 Uhr morgens bis 1 Uhr nachts. Ein Café mit lebhafter Atmosphäre und einem beliebten Kellerrestaurant. Die riesigen Pizzas und schäumenden Biere sind bestimmt ihr Geld wert. In der Nähe des Nationaltheaters.

Plzeňská Restaurace
Na příkopě 17
Prag 1
Tel: (02) 22 08 06
Geöffnet von 10 bis 22 Uhr. Zentral gelegen. Gulasch mit Knödeln wird in reichlichen Portionen und rasch serviert. Ländliche Atmosphäre, gutes Pils, reelle Preise

Principe
Anglická 23
Prag 2
Tel: (02) 25 96 14
Täglich von 8 bis 15 und 19 bis 24 Uhr geöffnet. Ein exklusives Restaurant, das Spezialitäten wie Saltimbocca auf den Tisch bringt.

Restaurantempfehlungen

Hier werden nur frische Zutaten verwendet. Abends empfiehlt es sich, Vorbestellungen zu machen.

Red Hot and Blues
Jakubská 12
Prag 1
Tel: (02) 231 46 39
Geöffnet von 9 bis 23 Uhr. Ein flottes, von Amerikanern geführtes Restaurant, mit einem Hauch des tiefen Südens. Die Auswahl der Gerichte reicht von Louisiana Creole bis hin zu Speisen aus Texas und Mexiko. Fast jeden Abend gibt es Live-Jazz. Im Sommer kann im Freien gegessen werden.

Rhapsody
Dukelských hrdinů 46
Prag 7
Tel: (02) 80 67 68
Geöffnet von 19 bis 2 Uhr, sonntags geschlossen. Romantische Pianobar und Restaurant mit appetitlicher französischer Küche, einschließlich Steak und Lachs. Ein beliebtes Ziel für Geschäftsleute und Politiker. Tischbestellung wird empfohlen.

Rugantino
Dušní 4
Prag 1
Tel: (02) 231 81 72
Geöffnet von 11 bis 23 Uhr (sonntags ab 18 Uhr). 20 leckere Pizzas, die im holzgefeuerten Ofen gebacken werden, sowie eine Palette von Pasta-Gerichten stehen auf der Speisekarte.

Saté
Pohořelec 152/3
Prag 1
Tel: (02) 53 21 13
Geöffnet von 11 bis 22 Uhr. Ein ansprechendes, kleines indonesisches Restaurant unweit des Klosters Strahov unten am Berg. Auf dem Menü stehen Hühner- und Schweinefleisch-Satay, Nasi Goreng und Krabben-Kräcker.

Shalom
Maiselova 18
Prag 1
Tel: (02) 24 81 09 29
Geöffnet von 12 bis 22 Uhr. Ein gemütliches Restaurant im jüdischen Viertel: Das Menü ist koscher und bietet eine preisgünstige Abendmahlzeit mit vier Gängen.

Taj Mahal
Škrétova 10
Prag 2
Tel. (02) 22 04 38
Täglich von 12-15 Uhr und 18 bis 23 geöffnet. Ganz in der Nähe des Nationalmuseums gegenüber dem Wenzelsplatz gelegen. Eines der besten indischen Restaurants in Prag.

Restaurantempfehlungen

Thrakia
Rubešova 12/622
Prag 2
Tel: (02) 24 22 34 90
Täglich von 11 bis 23 Uhr geöffnet. Schlichtes, auf bulgarische Speisen spezialisiertes Restaurant.

U Malířů
Maltézské náměstí 11
Prag 1
Tel: (02) 24 51 02 69
Geöffnet von 19 bis 22 Uhr. Elegantes französisches Restaurant in einem Haus aus dem 16. Jh. mit originaler Deckenmalerei. *Haute cuisine*, exquisite Weine. Vorbestellung ist erforderlich.

U Mecenáše
Malostranské náměstí 10
Prag 1
Tel: (02) 53 38 81
Täglich von 17 bis 23.30 geöffnet. Ein exzellentes Restaurant in der Kleinseite mit gotischer Ausstattung und traditioneller tschechischer Küche, darunter gefüllte Ente und flambierter Rinderbraten. Vorbestellung ist erforderlich.

U Plebána
Betlémské náměstí 10
Prag 1
Tel. (02) 24 22 90 23
Täglich von 11 bis 23 Uhr geöffnet. Das ehemalige Lieblingsrestaurant der kommunistischen Parteimitglieder beköstigt heute Top-Geschäftsleute, die hier tschechische Spezialitäten genießen können.

U Zeleného Čaje
Nerudova 19
Prag 1
Keine Reservierungen
Geöffnet von 10 bis 19 Uhr. Eine elegante Teestube mit Geschenkeladen, wo Szenen des Filmes *Amadeus* gedreht wurden. Die Speisekarte bietet eine leckere Auswahl von Tee, Kaffee und Gebäck. Es gibt aber nur vier Tische!

U Zelené Žáby
U radnice 8
Prag 1
Tel: (02) 24 22 81 33
Geöffnet von 18 bis 24 Uhr. Der »Grüne Frosch« liegt um die Ecke beim Altstädter Rathaus in einem gotischen Keller. Mehr Weinbar als Restaurant, hat es sich auf böhmische und mährische Weine spezialisiert; dazu gibt es diverse traditionelle tschechische Gerichte.

U Zlaté Studně
Karlova 3
Prag 1
Tel: (02) 22 05 93
Dieses intime, historische Restaurant ist ein Prager Favorit. Unter

Restaurantempfehlungen

den traditionellen tschechischen Speisen ist Hammel mit Klößen eine besondere Spezilität. Es gibt eine gute Weinliste. Man kann hier außerdem auch ein Zimmer mieten (siehe Seite 69).

U Zlaté Třináctky
Nerudova 13
Prag 1
Tel: (02) 533 90 86
Geöffnet von 9 bis 24 Uhr. Auf halbem Weg zum Schloß gelegen. Guter Mittagstisch mit traditionellen tschechischen Gerichten wie beispielsweise Gulasch mit Klößen.

Velkopřevorský Mlýn
Hroznová 3
Prag 1
Tel: (02) 53 03 00
Geöffnet von 11 bis 23 Uhr. Ein verstecktes, romantisches Restaurant am Mühlenbach auf der Insel Kampa. Gute tschechische Küche zu reellen Preisen.

Viola Trattoria
Národní 7
Prag 1
Tel: (02) 24 22 95 93
Täglich von 12 bis 24 Uhr geöffnet. Italienisches Restaurant in der Altstadt beim Nationaltheater. Abendliches Jazzprogramm. Vorbestellung erforderlich.

PRESSBURG (Bratislava)

Bystrica
SNP-Brücke
Keine Vorbestellungen
Geöffnet von 10 bis 20 Uhr. Dieses sich drehende Restaurant oben auf dem schiefen Turm der SNP-Brücke bietet einen der besten Ausblicke über die Stadt. Das Menü ist traditionell slowakisch; auch zu Kaffee und Kuchen kehrt es sich hier gut ein.

Červený Rak
Michalská 26
Tel: (07) 33 13 75
Geöffnet von 10 bis 24 Uhr. »Die Rote Languste« ist ein helles, neues Restaurant in einem Souterrain in der Altstadt. Traditionelle slowakische Gerichte werden hier auf moderne Weise zubereitet. Auf der Speisekarte stehen Rehbraten in Rotwein, Wildschweinkotelett, Karpfen sowie einige vegetarische Gerichte. Eine kleine Terrasse überblickt den Altstadt-Graben.

Pod Baštou
Bastová 3
(von der Michalská abbiegend)
Tel: (07) 33 17 65
Geöffnet von 11 bis 23 Uhr. Liegt in einer schmalen Gasse beim Michaeltor. Kellerrestaurant mit

herrlich altmodischem Ambiente. Zu den klassischen slowakischen Gerichten können Sie aus den vielen Weinen dieser Gegend auswählen, von denen einige direkt vom Faß gezapft werden.

BRÜNN (Brno)

Černý Medvěd
Jakubské náměstí 1
Tel: (05) 42 21 45 48
Sonntags geschlossen. Ein kleines, gemütliches Restaurant der gehobenen Preisklasse, am Platz vor der St.-Johannes-Kirche gelegen. Auf der Karte stehen internationale sowie tschechische Gerichte.

Oáza
Veveří 10
Tel: (05) 73 45 42
Samstags und sonntags geschlossen. Nördlich der Altstadt gelegenes Büffet-Restaurant. Gute Auswahl an vegetarischen Gerichten. Bietet Imbisse sowie volles Mittag- oder Abendessen.

KARLSBAD (Karlovy Vary)

La Belle Époque
Grand Hotel Pupp
Tel: (017) 20 91 11
Der prächtige barocke Speisesaal des Grand Hotel Pupp ist eines der großartigsten Restaurants in der ganzen Tschechischen Republik. Das Menü ist vorwiegend französisch, es stehen aber auch einige tschechische Gerichte auf der Speisekarte. Tischbestellung erforderlich. Formelle Kleidung wird empfohlen.

Café Elefant
Stará Louka 30
Tel: (017) 322 34 06
Ein elegantes, altmodisches Café, mit Tischen draußen am Ufer. Ein herrlicher Ort für eine Tasse Kaffee und ein Stück Sahnekuchen.

Vinárna Karel IV
Zámecký rch 2
Tel: (017) 322 72 55
Geöffnet von 11 bis 24 Uhr. Dieses Turmrestaurant steht an der Stelle, an der sich einst das Jagdschloß Karls IV. befand. Von der Terrasse hat man eine herrliche Aussicht auf den Trubel der Straße. Auf der Speisekarte stehen tschechische, deutsche und österreichische Gerichte.

Vegetarian
I. Pavlova 25
Tel: (017) 290 21
Geöffnet von 10 bis 21 Uhr. Dieses vegetarische Restaurant ist auf der Nordseite des Flusses, unweit vom riesigen Hotel Thermal, zu finden.

Nord- und Ost-Böhmen

Den Bergwerken und Kohlelagern Nordböhmens hatte die ehemalige Tschechoslowakei ihren einstigen Reichtum zu verdanken. Die traurige Hinterlassenschaft ist die Umweltverschmutzung, unter der viele Teile dieser Gegend stark zu leiden haben, insbesondere das Riesengebirge (*Krkonoše*).

Trotzdem gibt es hier noch wunderschöne und unversehrte Landschaften, worunter besonders die Böhmische Schweiz und das Böhmische Paradies sowie Adrpach-Teplice (Teplitz) erwähnt seien.

NORDBÖHMEN

Die Böhmische Schweiz (České Švýcarsko)

Böhmen ist von Bergen umgeben, und alle Wasser münden in einen einzigen Fluß. Die Labe (Elbe) hat sich ein tiefes Tal mit steilen Hängen durch das Felsenmassiv des nördlichen Grenzlandes der Tschechischen Republik gefurcht, und alle Wasser Böhmens fließen letzthin durch diesen Spalt. Das Massiv ist das Elbsandsteingebirge (*Labské Pískovce*), eine herrliche Gegend zum Wandern.

Der Urlaubsort **Hrensko** (Herrnskretschen) am östlichen Ufer der Labe liegt nur 1km von der deutschen Grenze entfernt und ist Tschechiens niedrigster Ort (115 m ü.d.M). Der landschaftlich schönste Teil des Elbsandsteingebirges liegt östlich von Hřensko und umgibt das Dorf **Mezní Louka**, wo es ein Hotel, ein Restaurant und einen Campingplatz gibt. Zahlreiche Wanderwege führen durch die felsige Gegend mit ihren Steilhängen und Sandsteintürmen.

In Mezní Louka geht gegenüber vom gleichnamigen Hotel Mezní Louka ein rot markierter, besonders schöner Wanderpfad in den Wald ab. Folgen Sie dem Hinweis »Pravčická brána 6km«. Der Weg schlängelt sich durch alte Bäume bergauf und führt dann am Fuße einer Sandsteinböschung

Sehenswertes

entlang. Rechts vom Weg ragen überhängende Felswände und dicke Sandsteintürme hervor, zerklüftet, riesig und drohend, und links bieten sich Ausblicke über eine bewaldete Berglandschaft. Nach ungefähr einer Stunde teilt sich der Weg: Die rechte Abzweigung windet sich weiter bergauf zu einem Restaurant, das sich unter dem sanften Bogen der **Pravčická brána** versteckt, einer natürlichen Sandsteinbrücke am Rande des Abhangs. Hinter dem Restaurant führt eine Metalltreppe zu anderen herrlichen Aussichtspunkten hinauf.

Zurück an der Wegkreuzung führt der rot markierte Weg zur Straße hinunter. 1,6km die Straße bergab kommen Sie zu an einer Brücke zu einem Restaurant. Von hier folgt ein grün markierter, naturkundlicher Weg stromaufwärts zu einer tiefen Schlucht, der **Kamenice-Schlucht.**

An zwei Stellen in der Schlucht sind Dämme gebaut worden, so daß Wanderer von Kähnen flußauf und -ab befördert werden können. Sie brauchen nur am Landungssteg auf den nächsten Kahn zu warten (die Fähren verkehren von Mai bis September täglich von 9 bis 18 Uhr auf der unteren Strecke und bis 17 Uhr auf der oberen). Der Kahnfahrer stößt die Fähre mit einer langen Stange weiter, wobei er munter drauflos er-

Ein Fährmann stakt die Wanderer durch den engen Hohlweg der Schlucht Kamenice.

Nord- und Ost- Böhmen

zählt, vom Wild, das hier lebt, und von den Sonderheiten des Gesteins. (Wer vorn im Kahn sitzt, sei vor dem unvermeidlichen Wasserfall gewarnt!) Vom Ende der oberen Strecke führt der Weg 1km am Fluß entlang, bis er sich gabelt und links an einem kleinen Seitenbach entlang zu einem blau markiertem Weg führt. Dieser Weg bringt den Wanderer zurück nach Mezní Louka. (Weglänge 16km; einschließlich Mittagspause sollte man mit 5 Stunden rechnen.)

THERESIENSTADT (Terezín)

Die große Festung Theresienstadt wurde ca. 1780 gebaut, um das Habsburger Böhmerland gegen den drohenden Angriff der Preußen zu verteidigen. Die nach der Kaiserin Maria Theresa benannte Festung hat nie eine Schlacht erlebt, während des 19. Jh. wurde sie stattdessen als politisches Gefängnis berüchtigt, als hier die Gegner des Habsburger Regimes eingesperrt wurden. (Gavrilo Princip, der den Erzherzog Franz Ferdinand in Sarajewo ermordet hatte und damit den Ersten Weltkrieg auslöste, wurde hier 1914 gefangengesetzt.) Dies kann sich allerdings nicht mit den Greueltaten messen, die hier während des Zweiten Weltkriegs stattfanden.

Nach dem Anschluß und der Besetzung der tschechischen Länder durch die Nationalsozialisten wurde 1940 in Theresienstadt ein Gestapo-Gefängnis eingerichtet. Im folgenden Jahr wurde ein Konzentrationslager geschaffen, und Theresienstadt begann seine unheimliche Rolle in Hitlers entsetzlicher »Endlösung« zu spielen. Zunächst ein Ghetto mit eigenen Einrichtungen, wurde es bald zu einem Durchgangslager, von dem 87 000 in die Vernichtungslager Auschwitz-Birkenau, Treblinka und Majdanek abtransportiert wurden. Nur 4000 überlebten.

Im Zentrum der Stadt liegt das **Ghetto-Museum** (täglich von 9 bis 18 Uhr geöffnet), ein Denkmal, das von dem Mut und der Tapferkeit der vielen Tausend Juden zeugt, die unter

Sehenswertes

der Naziherrschaft gelitten hatten. Von den Insassen angefertigte Zeichnungen und Bilder, Nazi-Dokumente im Original, persönliche Gegenstände und Niederschriften der erschütternden Berichte vom Leben und Tod im Lager sind hier ausgestellt.

Die **Kleine Festung** (*Malá pevnost*) am Rande der Stadt war das ursprüngliche Gestapo-Gefängnis. Rund 32 000 Gefangene, meist tschechische Widerstandskämpfer, wurden hier eingesperrt. Am Gefängnis wurde seit 1945 nichts verändert, und man kann ohne öffentliche Führung durch die Zellblöcke gehen. Ein langer unterirdischer Gang führt zum Vollstreckungsort, an dem 250 Insassen vom Exekutionskommando erschossen wurden.

In scharfem Kontrast zur abschreckenden Geschichte von Theresienstadt steht auf der anderen Seite der Elbe die alte Stadt **Litoměřice** (Leitmeritz). Den Marktplatz umgeben Barockbauten, und in der Kreisgalerie ist eines der größten Meisterwerke der Renaissance ausgestellt – der vormals zum St.-Stephans-Dom gehörende berühmte Flügelaltar vom »Meister des Leitmeritzer Altars« (nach 1500) mit Szenen aus dem Leben und Leiden der Jungfrau Maria. Wenige Kilometer von der Stadt entfernt in nordöstlicher Richtung steht das 720 erbaute Barockschloß **Ploskovice**. Zur prunkvollen Rokoko-Ausstattung gehören Deckengemälde und eine Grotte mit Springbrunnen. Mitte des 18. Jh. wohnte Kaiser Ferdinand I. hier im Schloß.

OSTBÖHMEN

Königgrätz (Hradec Králové)

Die ostböhmische Hauptstadt Königgrätz ist eine der ältesten Städte des Landes. Sie liegt am Schnittpunkt der alten Handelswege zwischen Prag und Krakau. Im 14. Jh. wurde die Stadt Sitz der böhmischen Königinnen (der Name bedeutet Festung der Königin) und erlangte 1866 im »Deutschen Krieg« durch die Schlacht bei Königgrätz Berühmtheit.

Vom schönen **Žižka-Platz** (*Žižkovo náměstí*) in der Altstadt sehen Sie auf den 68m hohen **Weißen Turm** (*bilá vé*), der 1574-80 erbaut wurde, und die gotische **Heiliggeistkathdrale** (*chrám sv. Ducha*). Am gegenüberliegenden Ende des Platzes befindet sich die **Galerie für Moderne Kunst** (*Galérie moderního umění*) mit iher Sammlung tschechischer Kunst aus dem späten 19. und dem 20. Jh.

Auf der anderen Seite des Flusses liegt die **Neustadt** (*Nové město*), ein Monument moderner tschechischer Baukunst. Sie wurde in den Jahren

Ein riesiger Hussitenkelch schmückt das Dach eines Hauses in Leitmeritz.

von 1900 bis 1930 in einer Mischung von Jugendstil und Funktionalismus erbaut; der hübsche, lichte *Masarykovo náměstí* ist ein anschauliches Beispiel.

Ungefähr 32km südlich von Königgrätz kommen Sie nach **Pardubitz** (*Pardubice*), der zweitgrößten Stadt Ostböhmens. Bekannt ist sie Sportfreunden wegen des »Großen

Viele schöne Barockstatuen stehen noch im ehemaligen Kurort Kuks bei Königgrätz.

Pardubitzer Steeplechase«, das neben dem »Grand National« als eines der strapaziösesten Pferderennen Europas gilt. Es gibt aber auch anderes Sehenswertes, darunter den **Pernstein-Platz** (*Pernštýnovo náměstí*), den schöne Gebäude aus dem 16. und 18. Jh. umrahmen. Eines davon ist mit einer Stuckfassade verziert, die die biblische Episode *Jonas und der Wal* darstellt. Das nahegelegene **Renaissanceschloß** wird gegenwärtig restauriert, doch lädt die auf den ehemaligen Schutzwällen entstandene Parkanlage zum Spazierengehen ein. Ein Museum und eine Kunstgalerie sind nahebei.

Zu Beginn des 18. Jh. erbaute Franz Anton Reichsgraf von Sporck einen prächtigen Kurort an den Ufern der Elbe. **Kuks**, ca. 32km nördlich von Königgrätz, das Karlsbad an Kultur und Pracht noch übertreffen sollte und es für kurze Zeit auch tat. Tragischerweise wurden bei einem Hochwasser 1740 nicht nur viele der Gebäude zerstört, sondern auch die Heilquelle. Jetzt wurde Kuks als Touristenattraktion restauriert.

Die Höhepunkte der Führung sind eine **Apotheke** im Original aus dem 18. Jh., die wunderschöne Wandschränke und -fächer aus Holz hat, sowie bemalte Tische, die wie Marmor aussehen; eine großartige Kapelle im Barockstil und das alte Krankenhaus, in dem

Nord- und Ost- Böhmen

die berühmten Gartenskulpturen der **Tugenden und Laster** des Bildhauers Matthias Bernhard Braun stehen. An ihrem ursprünglichen Standort befinden sich heute Nachahmungen.

Ungefähr 5km entfernt von Kuks liegt **Brauns Bethlehem** (*Braunův Betlém*), wo der Künstler im stillen Wald biblische Szenen und Figuren in den Fels gemeißelt hat, darunter die Geburt Christi und die Reise der Heiligen Drei Könige.

Das Böhmische Paradies (Český Ráj)

Die bewaldeten Berge und Sandsteinfelsen des Böhmerwaldes sind ein beliebtes Wochenendziel erholungsbedürftiger Prager. Am östlichen Ende dieser Gegend liegt die hübsche Stadt **Jičín**. Ihr wunderschöner Arkadenplatz wird von dem 52 m hohen **Walditzer-Tor** (*Valická brána*) bewacht. Von Jičín läßt sich die Umgebung gut erkunden. Die nahegelegenen **Prachower Felsen** (*Prachovské skály*) bestehen aus Sandsteinsäulen und steilen Berghängen. Ein 3km langer, grün markierter Wanderweg beginnt an der Fremdenvereinshütte (*Turistická chata*) und führt an allen landschaftlichen Sehenswürdigkeiten vorbei.

Wenige Kilometer nordwestlich von Prachow kommen Sie zum prominentesten Wahrzeichen dieser Gegend, zur Burgruine **Trosky**. Sie thront gefährlich nahe am Abgrund über zwei nebeneinanderliegenden Basaltfelsen; ihre Silhouette hebt sich scharf vom Horizont ab und ist meilenweit zu sehen. Von den Burgmauern haben Sie eine herrliche Aussicht.

Riesengebirge (Krkonoše)

Das Riesengebirge heißt nicht wegen der Höhe seiner Berge so – der höchste Gipfel, die Schneekoppe (*Sněžka*), ist nur 1602 m hoch –, sondern, weil hier der Berggeist Rübezahl (Krakonoš) hausen und mit den Wanderern seine Scherze treiben soll. Die Berge sind nicht gerade atemberaubend,

Sehenswertes

denn sie haben weitläufige, abgerundete Kuppen, dennoch sind sie bei Wanderern, Geländeradfahrern und Skifahrern sehr beliebt. Seit 1963 ist diese Gegend ein Naturschutzgebiet. Leider hat dies nicht verhindern können, daß einige Teile der Wälder durch sauren Regen vernichtet worden sind.

Viele begeisterte Wintersportler tummeln sich von Januar bis Anfang April in den Erholungsorten Pec pod Sněžkou (Petzer), Špindlerův Mlýn (Spindlermühle) und Harrachov (Harrachsdorf); im Sommer kommen Wanderer und Radfahrer. Die Skilifte sind auch im Sommer in Betrieb.

Adersbach-Teplitzer-Felsen (Adršpašsko-Teplické skály)

Im an der polnischen Grenze gelegenen Adersbach-Teplitzer Gebiet sind die imposantesten der sogenannten Felsenstädte Böhmens zu finden. Das Naturschutzgebiet erstreckt sich mit dichten Nadelwäldern und zerklüfteten Bergen über ca. 25 m²; es ist von schluchtenartigen Tälern und himmelwärtsstrebenden Sandsteinfelsen durchzogen. Dies ist ein Paradies für Kletterfreunde und ein Tummelplatz für Wanderer.

Die beiden bedeutendsten Gegenden der Felstürme befinden sich bei den Orten Adršpach und Teplice nad Metují (Teplitz). Zu den **Teplitzer Felsen** (*Teplické skalní město*) kommen Sie vom Parkplatz neben dem Hotel Orlík. Ein 7km langer, blau markierter Wanderweg führt das felsige Tal hinauf. Nach 10 Minuten kommen Sie zu einer Treppe und Leitern, auf denen man zu den **Strmen**-Gipfeln hinaufsteigt. Hier steht eine Holzburg aus dem 13.-14. Jh. Achten Sie auf die Vertiefungen, die zur Verankerung der Querbalken aus dem Felsen herausgehackt wurden.

Der Pfad windet sich weiter durch ein Tal hinauf und zwischen hohen, gerifelten Sandsteinfelsvorsprüngen hindurch bis zu einer Bergsteigerhütte und durch ein altes Steintor. Dort, am Fuße der atemberaubenden, 100 m hohen gerifelten Felswand des **Strážní věž**

Nord- und Ost- Böhmen

(**Wachtturm**) teilt sich der Weg. Links kommen Sie an noch dramatischeren, freistehenden Felstürmen vorbei, die Namen wie *Chrámové náměstí* (Domplatz) und *Římske divadlo* (Römisches Amphitheater) tragen. Der blau markierte Weg biegt nach rechts ab und führt in eine tiefe, enge Felsenschlucht hinein, in die **Anenské údolí** (Unterwelt). Feuchtes Moos und Farne hängen von den Wänden herab. Der tiefste Teil dieser Kluft ist selbst im Sommer so kühl, daß er **Sibiř** (Sibirien) genannt wird. Sie kommen an der Weggabelung unterhalb des Wachtturms heraus, von wo der Weg zurück zum Parkplatz führt.

In der **Adersbacher Felsenstadt** (*Adršpasské skalní město*), nur ein paar Kilometer in Richtung Norden, windet sich ein grün markierter Pfad an Felsenpfeilern vorbei und durch Schluchten hindurch. Der Weg ist nicht so lang wie der Teplitzer, dafür umso anstrengender, denn hier wird viel auf hölzernen Treppen und Leitern hinauf- und hinabgeklettert. Die beiden Gebiete sind durch einen weiteren Wanderweg verbunden, und es ist möglich, aus den beiden Wanderungen eine ca. 16km lange Tour zu machen. Gute Wanderkarten bekommen Sie am Kiosk am Eingang zum Felsenpark.

Durch die Teplitzer Felsgebilde führt ein 7km langer Wanderweg das Tal hinauf.

Sehenswertes

Mähren

Das östliche Drittel der TschechischenRepublik wird durch eine Gebirgskette abgegrenzt, hinter der sich die Mährischen Lande ausdehnen. Der Name Mähren (*Morava*) kommt vom Fluß Morava (March), der an der polnischen Grenze entspringt und durch ganz Mähren fließt, ehe er bei Preßburg in die Donau mündet. Mähren rühmt sich vor allem zweier historischer Städte: Brünn (*Brno*) und Olmütz (*Olomouc*), aber auch die hiesigen Weingärten haben Ruhm erlangt.

SÜDMÄHREN

Brünn (Brno)

Tschechiens zweitgrößte Stadt und Hauptstadt von Mähren ist Brünn. Die Stadt hat auch in der tschechischen und europäischen Geschichte eine wichtige Rolle gespielt. 1428 widerstand sie den Belagerungen durch die Hussiten und 1645 durch die Schweden, und 1805 wurde sie von Napoleons Truppen kurz vor der Schlacht bei Austerlitz (11km östlich von Brünn) besetzt. Heute ist Brünn eine moderne Industriestadt mit 400 000 Einwohnern, in der aber einige Zeugnisse vergangener Pracht überlebt haben.

Der historische Kern von Brünn ist der **Krautmarkt** (*Zelný trh*), auf dem seit dem 13. Jh. Obst und Gemüse feilgeboten wird. Auf dem Hügel hinter dem Mark erheben sich die neutotischen Türme von **St.-Peter-und-St-Paul** (*katedrála sv. Petra a Pavla*). Dieser Dom mit seiner barocken Innneaustattung wurde regotisiert. Ein wenig weiter führt der Weg zum **Mährischen Museum** (*Moravské zemské muzeum*), das wegen seiner archäologischen und naturwissenschaftlichen Sammlung berühmt ist. Auf der östlichen Seite des Platzes befindet sich die Krypta des **Kapuzinerklosters** (*Kapucínský klášter*) mit Mumien und Skeletten von Mönchen und Aristokraten, die in Glassärgen ruhen.

Mähren

Fast drohend auf einer Anhöhe thront die trostlose Festung **Spielberg** (*Špilberk*). Die Burg wurde im 13. Jh. erbaut, doch stammt der größte Teil des heutigen Bauwerks aus dem 17. und 18. Jh., als die Burg als Gefängnis für Feinde des Habsburger Reiches berüchtigt wurde. Die Räume, lange Kammern mit Gewölben, die in die Schutzwälle eingebaut sind, enthalten ein Gefangenenmuseum, ein anderes Gebäude der Burg beherbergt ein Heimatmuseum.

Nördlich von Brünn (ca. 30km) kommen Sie zum **Mährischen Karst** (*Moravský kras*), einem faszinierenden Bergland mit Tropfsteinhöhlen und Schluchten. Der kleine Ort Skalní Mlýn bei Blansko ist ein wesentliches Zentrum für den Fremdenverkehr. Von hier aus gehen die Führungen durch

Auf dem Krautmarkt, Zentrum von Brünn, herrscht seit dem 13. Jh. reges Treiben.

die **Punkva-Tropfsteinhöhle** mit herrlichen Stalagmiten und Stalaktiten (*Punkevní jeskyně*), zu der auch eine Kahnfahrt auf einem unterirdischen Fluß gehört. Die Höhlenführung erblickt das Tageslicht wieder in einem großen Kessel, der ungefähr 140m tief liegt und von fast senkrechten Wänden umringt ist. Dies ist die sogenannte **Mazocha-Schlucht** (*Propast Macocha*). Von hier können Sie entweder mit der Seilbahn nach oben fahren oder auf einem der gut markierten Wege hinaufsteigen. Die Höhlen sind so beliebt, daß es ratsam ist, im Sommer einige Tage im voraus die Höhlenführung zu buchen.

Ein anderer beliebter Tagesausflug von Brünn aus führt zum **Schloß Lednice** (Eisgrub), ungefähr 50km in Richtung Süden. Vom 14. Jh. an bis 1945 war das Schloß der Landsitz der Familie Liechtenstein und wurde in Laufe der Zeit mehrere Male umgebaut, das letzte Mal von 1845-56, als es sein jetziges neugotisches Aussehen erhielt. Bemerkenswert sind die Bibliothek mit ihrer eleganten, hölzernen Wendeltreppe und der Blaue Ballsaal mit seinen prächtigen, holzgeschnitzten Türen und Decken.

Telč (Teltsch)

Das malerische Städtchen Telč am Westrand Mährens wurde auf einer Landzunge gebaut und ist von tieferliegenden Teichen umgeben, die der Stadt nicht nur einst Schutz gewährten, sondern auch der Karpfenzucht dienen. Blickpunkt ist ein Ringplatz, der **Zacharias-Platz** (*náměstí Zachariáše z Hradce*) mit seinen bunten Bürgerhäusern.

Schloß Telč in der Westecke des Marktes gehörte von 1339 bis 1712 den Hradec. Zacharias von Hradec, im 16. Jh Statthalter von Mähren, ließ das Schloß im Renaissancestil umbauen, seitdem hat es sein Aussehen behalten. Verantwortlich zeichneten sich Baldassare Maggi da Arogno (der auch Jindřichův Hradec – siehe S. 58 – gebaut hat) und Antonio Vlach. Die Renaissancegemächer gehören zu den schönsten des Landes. Die

Schatzkammer und der **Speisesaal** sind mit *Sgraffito* ausgestattet. In der **Georgskapelle** befindet sich das Marmorgrabmal Zacharias' und seiner Gemahlin Katharina von Waldstein; der **Goldene Saal** im Obergeschoß hat eine Kassettendecke aus achteckigen Paneelen mit Goldreliefs mystischer Figuren.

Vranov nad Dyjí (Frain)

So schön wie Schloß Vranov ist wohl kein anderes tschechisches Schloß gelegen. Es thront hoch oben auf einem bewaldeten Felsvorsprung über dem Fluß Dyjí. Ursprünglich war es als Festung zum Schutz der mährischen Südgrenze gebaut worden; 1680 wurde es für die Familie Althan in das prächtige Barockschloß verwandelt, das noch heute das Stadtbild beherrscht. Das Schloß ist vom Parkplatz nur zu Fuß erreichbar.

Kernpunkt des Schlosses ist der **Ahnensaal** (*Sál předků*), ein riesiger, ovaler Raum, der von einem großen Panoramafenster und ovalen Dachfenstern erhellt wird und überschwenglich verzierte Fresken und Skulpturen enthält. Die an den Seiten stehenden Statuen stellen die Vorfahren von Michal Jan II. von Althan dar (der den Saalbau 1690 in Auftrag gegeben hatte), und das Fresko an der riesigen, gewölbten Decke ist eine Verherrlichung der Althan-Familie (das Familienwappen ist unverkennbar: Ein

In der Georgskapelle von Schloß Telč steht der Sarkophag Zacharias' von Hradec.

Sehenswertes

rotes Schild mit einem waagerechten weißen Band, auf dem in Schwarz ein gotisches »A« eingetragen ist.) Die Schloßbesichtigung geht durch prunkvolle Räume im Stil des späten 18. Jh., und in ein luxuriöses Marmorbadezimmer; die bronzenen Wasserhähne haben die Gestalt des Vogels Greif. Ein weiteres Zimmer diente als Freimaurerloge – die Freimaurermotive sind in den Ornamenten zu sehen: Pyramide, Zirkel und geometrisches Dreieck sowie Lot und Davidstern.

Die Nachbarstadt **Znojmo** besitzt eines der ältesten Monumente tschechischer Baukunst. Die St.-Katharinen-Rotunde stammt aus dem 11. Jh. und enthält eine Anzahl romanischer Fresken von 1134, die den Stammbaum der Přemysl-Dynastie illustrieren. Die Rotunde selbst ist nicht zur Besichtigung zugänglich, doch im benachbarten Schloß gibt es ein Museum, in dem ein Modell der Kirche sowie Fotografien der Fresken und Einzelheiten über die Restaurations- und Konservierungsarbeiten ausgestellt sind.

NORDMÄHREN

Olmütz (Olomouc)

Olmütz war von 1187 bis 1641 die Hauptstadt Mährens, doch nachdem die Stadt im Dreißigjährigen Krieg ausgeplündert worden war, geriet sie in Verfall. Heute ist Olmütz eine blühende Industrie- und Universitätsstadt. Ihr hübsches Zentrum lohnt den Besuch.

Der zentrale (Obere) Platz *Horní náměstí* steht im Schatten des 70 m hohen Turms des **Rathauses** (*radnice*). Auf der einen Seite befindet sich eine **astronomische Uhr**; sie wurde nach dem Zweiten Weltkrieg vom kommunistischen Regime restauriert, so daß es nicht verwundert, daß die Figuren des Spiels die Arbeiterschaft darstellen. Die 35 m hohe **Dreifaltigkeitssäule** ist von 18 Barockstatuen umringt.

Die Hauptstraße führt zum **St.-Wenzels-Dom** (*chrám sv. Václava*), der an der Stelle des einstigen Olmützer Schlosses errichtet wurde. Gleich neben dem Dom ist der Eingang zum **Přemysliden-Palast** (*Přemys-*

Mähren

lovský palác), der einige Beispiele der besten romanischen Baukunst des Landes aufweist. Von einem gotischen Kreuzgang mit Wandgemälden aus dem 15. und 16. Jh. aus führt eine Treppe hinauf zu einer romanischen Arkade, den Überresten eines Bischofpalastes aus dem Jahre 1140.

Nachdem Olmütz 1063 zum Bischofssitz ernannt wurde, erwarben die mächtigen Bischöfe von Olmütz die nahe gelegene Stadt **Kroměříž** (Kremsier) als Sommerresidenz. Sie verliehen der Stadt Sonderrechte und stifteten viele schöne Bauten und Gärten. Der allerprächtigste ist der Barockbau des **Bischofspalasts** (*Biskupský zámek*), der 1690-1700 erbaut wurde. Hinter seinem strengen Äußeren verbergen sich einige prachtvoll ausgestattete Räume; besonders nennenswert sind der riesige Rokoko-Konzertsaal, der mit vergoldeten Stuckreliefs verziert ist, die die Kunst, die Mathematik, die Architektur und die Jagd darstellen; darüber dehnt sich ein riesiges Deckenfresko aus, das die Huldigung der Bischöfe darstellt.

In den Bergen nordwestlich von Olmütz steht **Hrad Bouzov** (Burg Busau). Die recht finster aussehende Burg war von 1799 bis 1939 der Sitz der Großmeister des Deutschen

Die Figuren auf der astronomischen Uhr in Olmütz stellen kommunistische Arbeiter dar.

Ritterordens. Ursprünglich im 14. Jh. enstanden, wurde die Burg von 1895 bis 1910 im neugotischen Stil umgebaut. Einige der Räume wurden wieder in ihren ursprünglichen Zustand versetzt und können auf einer faszinierenden Führung besichtigt werden. Zu besichtigen sind die Schlafgemächer und Arbeitszimmer des Großmeisters sowie der Jagdsaal, der Säulensaal und die Keller- und Küchenräume, in denen Sie die Kochgeräte der Jahrhundertwende inspizieren können. Höhepunkt der Führung ist der **Rittersaal**. Die holzgetäfelte, gewölbte Decke, die mit der Sonne und mit Sternen dekoriert ist, und die kunstvoll verzierten Holzschnitzereien an den Wänden und Türen versetzen jeden Besucher in Erstaunen. Auf beiden Seiten der Haupteingangstür stehen die geschnitzten Figuren des Heiligen Georgs und des Drachens sowie ein Ritter in Tournierrüstung. Sie alle sollen die geistigen beziehungsweise weltlichen Aspekte des deutschen Rittertums darstellen.

Rožnov pod Radhoštém (Rozschnau am Radhoscht)

Am östlichen Rande Mährens, an der slowakischen Grenze, liegt die tschechische Walachei (*Valašsko*), eine reizvolle, bewaldete Berglandschaft. Hier hatten sich im 16. Jh. die Walachen, ein halbnomadisches Hirtenvolk, angesiedelt. Sie brachten ein klar ausgeprägtes Volkstum mit sich und eine eigene Architektur traditioneller Holzbauten, die in dem berühmten **Walachischen Freilichtmuseum** (*Valašské muzeum v přírodě*) in Rozschnau am Radhoscht der Nachwelt erhalten geblieben sind. Das Museum erstreckt sich meilenweit über die Berglandschaft und an den Flußufern entlang; überall stehen typische hölzerne Bauernhäuser, Mühlen, Kirchen und andere Gebäude, die aus den Dörfern der Walachei zusammengetragen und hier wieder errichtet wurden.

Vom Stadtzentrum in Richtung Osten gehend, kommen Sie zuerst zur **hölzernen Stadt** (*Dřevěné městečko*) mit Kir-

Mähren

che, Rathaus, zwei Tavernen, Scheunen sowie aus Baumstämmen gehauenen Bienenstöcken. Sie dürfen hier nach Belieben herumwandern und in einer der Gaststuben einkehren. Der zweite Teil des Museums ist das **Mühlental** (*Mlýnská dolina*), ein betriebsfähiges Museum der holzverarbeitenden Industrie (Besichtigung nur mit Führung, 45 Minuten). Hier gibt es eine Filzmühle (in der Filz hergestellt wird), eine Kornmühle (wo Mehl gemahlen wird), eine Sägemühle und eine Schmiede; alle gehen ihrem Tagewerk nach.

Der dritte Teil ist ein **Walachendorf** (*Valašská dědina*). (Besichtigung nur mit Führung, 1¾ Stunden). Es geht an Häuschen, Scheunen und Bauernhäusern vorbei, und es wird gelegentlich angehalten, um das Haus des Tierarztes, die Windmühle und die Schule eingehender zu betrachten.

Traditionelle Architektur und eine Schmiede im Freilichtmuseum von Rožnov pod Radhoštěm.

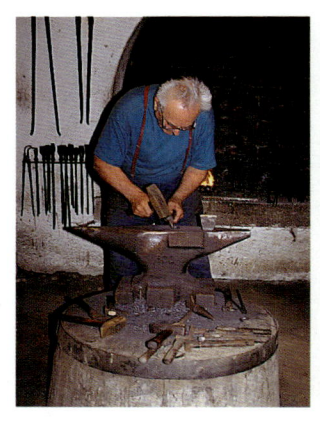

Sehenswertes

Slowakien Bratislava (Preßburg)

Preßburg, slowakisch *Bratislava* und ungarisch *Pozsony*, Hauptstadt der Slowakischen Republik, erstreckt sich zu beiden Seiten der Donau und ist nur 56km von Wien entfernt. Auf der Autobahn ist Bratislava von Brünn schnell zu erreichen (ca. 120km), so daß sich ein Tagesausflug leicht einplanen läßt. (An den Wochenenden kommt es an der Grenze jedoch oft zu Staus.)

Im Gegensatz zu den tschechischen Ländern gehörte Slowakien die längste Zeit seiner Geschichte zum Ungarischen Reich, und von 1526 bis 1784 war Bratislava sogar die Hauptstadt Ungarns. Im 18. Jh. war es eine der bedeutendsten Städte Europas und ein wesentliches Kulturzentrum. Hier hielt Kaiserin Maria Theresa Hof, und hier traten Mozart, Haydn und Beethoven auf. Im 19. Jh. wurde die Stadt industrialisiert und ist heute noch ein wichtiger Donauhafen und Knotenpunkt der Bahnverbindungen. Auch spielt sie weiterhin eine bedeutende Rolle im Kulturleben, denn hier sind das Slowakische Nationaltheater zu Hause sowie die Nationalgalerie und die Comenius-Universität; darüber hinaus ist Bratislava bekannt für seine Weine – innerhalb der Stadtgrenzen gibt es auf über 1000 Hektar Land Weingärten.

Das moderne Bratislava ist eine Großstadt mit 450 000

Einwohnern, das historische Stadtzentrum nimmt dabei eine relativ kleine Fläche ein, so daß die wesentlichsten Sehenswürdigkeiten bequem zu Fuß an einem Tag besucht werden können. Ausgangspunkt des Stadtrundgangs ist der weitläufige Platz *Hurbanova námestie* am nördlichen Rand der Altstadt. Von hier führt eine Brücke über den alten Burggraben und vorbei am ersten der zwei Türme, die das **Michaelstor** (*Michalská brána*) bewachen. Links steht ein Barockhaus namens *U červeného raka* (»Zur roten Languste«), einst eine Apotheke, heute das faszinierende **Pharmazeutische Museum**. Dahinter erhebt sich der zweite Torturm, der ein Waffenmuseum beherbergt. Seine Zinnen gewähren einen herrlichen Ausblick über die Stadt.

Gehen Sie die Michalská-Straße mit ihren Barockgebäuden und modernen Cafés hinunter und und biegen Sie links ab zum **Hauptplatz** (*Hlavné námestie*), einer grünen Insel im Häusermeer. Der Platz war einst ein bedeutender Marktplatz. Im schönen **alten Rathaus** (*Stará radnice*) befinden sich das Stadtmuseum und eine der lokalen Weinindustrie gewidmete Ausstellung. Am südlichen Ende der Michalská, (die danach Ventúrska heißt), geht es rechts in die Panská-Straße und zum **Martinsdom** (*Dóm sv. Martina*). Diese gotische Kirche war der Krönungsort der ungarischen Könige und Königinnen, und hier wurde Beethovens *Missa solemnis* uraufgeführt; auf der

*D*ie hübschen Sträßchen der Altstadt von Bratislava (links) und das Apothekenmuseum (rechts).

Sehenswertes

Bratislavas Schloß bietet eine schöne Aussicht auf die Donau und die futuristische SNP-Brücke.

Kirchturmspitze prangt eine Nachbildung der ungarischen Königskrone.

Gegenüber vom Martinsdom thront auf einem Felsen das **Schloß** von Bratislava, zu dem, am **Uhrenmuseum** vorbei, eine steile kopfsteingepflasterte Straße auf der anderen Seite der Staromestská hinaufführt. Einstmals Königsresidenz, hat das Schloß sein Aussehen seit dem 15. Jh. mehrmals verändert. 1811 brannte es ab und wurde erst nach 1953 restauriert. Die düsteren Mauern umgeben einen ebenso düsteren Hof. Schön ist der Park und schön ist der Blick auf die Donau und das Panoramarestaurant auf der futuristischen Brücke SNP. Von hier oben blicken Sie auf drei Länder: Direkt gegenüber und zur Linken liegt Slowakei, unmittelbar südlich schimmert Ungarn durch den Dunst und auf der rechten Seite, zum Greifen nahe, befindet sich Österreich.

Was unternehmen wir heute?

Einkaufsbummel

Prag hat sich inzwischen zu einem Einkaufsparadies entwickelt, wenn es auch noch nicht mit London, Paris und Rom zu vergleichen ist. Warenangebot und Qualität sind enorm gestiegen, viele kleinere Läden wurden geöffnet, in denen man Geschenkartikel, Antiquitäten, Kunstgewerbliches, Andenken und allerlei Außergewöhnliches kaufen kann. Straßenmärkte gibt es südlich vom Altstadt-Platz in der Havelská-Straße (täglich geöffnet) und (noch größer) in Holešovice, am Bubenské-Ufer, nördlich der Štvanice-Insel (montags bis samstags geöffnet). Öffnungszeiten der Geschäfte sind 8-13 und 14-18, samstags 8-13 Uhr. Touristenläden öffnen erst gegen 10 Uhr, bleiben dafür aber bis 20 oder 21 Uhr geöffnet.

Glas- (*sklo*) und **Porzellanwaren** (*porcelán*). Böhmisches Kristall gibt es in ganz Tschechien zu kaufen. Das Angebot reicht von winzigen Glasfiguren und gravierten Kelchen bis hin zu großen schmuckvollen Vasen und kunstvollen Kronleuchtern. In allen größeren

Der berühmteste Hersteller böhmischen Kristalls ist Moser aus Karlsbad.

Was unternehmen wir heute?

In vielen Städten gibt es lokal hergestelltes Porzellan zu kaufen.

Antiquitäten (*antika*). Prag war schon immer ein guter Jagdgrund für Antiquitätensammler. Altstadt und Kleinseite sind wahre Schatzkammern. Aber auch in vielen anderen Touristenstädten werden Antiquitätenläden aufgemacht. Vor Imitationen sei jedoch gewarnt, und für echte Antiquitäten wird meist eine Exportlizenz benötigt. Genaueres erfahren Sie im Geschäft selbst oder vom Kunstgewerbemuseum, 17 Listopadu 2, Prag 1 (in der Josephstadt).

Kunstgewerbliches (*řemeslo*). Das traditionelle tschechische Kunstgewerbe befaßt sich mit Holzschnitzerei, Korbflechterei, Weberei, Stickerei sowie der Fertigung von Schmuck und Keramiken. In den meisten Städten gibt es Läden und Marktstände, die handgefertigte Marionetten verkaufen, sowie Puppen in Trachtenkleidung, Holzspielzeug, Körbe, bemalte Holzeier und Granatschmuck. Achat und Fossilien aus den erzhaltigen Bergen um Böhmen sind ebenfalls ein guter Kauf.

Reisestädten gibt es unzählige Glaswarenläden. Halten Sie außer nach dem berühmten Moser-Kristall auch Ausschau nach »Crystal« und »Bohemia«. Böhmisches Porzellan ist nicht nur von bester Qualität, es ist auch preiswerter als Vergleichbares im Westen.

Unterhaltung

Musik (*hudba*). Prag ist ein Paradies für Musikliebhaber. Kassetten und CDs mit klassischer Musik, insbesondere der tschechischen Komponisten, sind ein Schnäppchen. Aber auch in jeder anderen tschechischen Stadt, ob groß oder klein, gibt es Musikgeschäfte.

Unterhaltung

Prag

Prag hat eine distinguierte musikalische Tradition, denn hier wurden nicht nur die heimischen Komponisten wie Dvořák, Smetana und Janáček gefördert, hier fanden auch Uraufführungen der Werke von Mozart, Beethoven, Liszt, Tschaikowsky und Wagner statt. Diese Tradition lebt fort, ob in den sommerlichen Festspielen oder in abendlichen Konzerten der Tschechischen Philharmonie, eines Kammerensembles oder einer Opernaufführung im Nationaltheater und im Smetana-Theater. Ein monatlich erscheinender Führer der Kulturveranstaltungen informiert, ebenso das Veranstaltungsprogramm in der *Prague Post* und im *Velvet*. Wochenprogramme sind auch auf Plakattafeln, an Straßenbahnhaltestellen und Metrostationen angeschlagen.

Klassische Musik, Oper und Ballett. Höhepunkt sind die Festspiele im Mai/Juni, genannt »Prager Frühling« (. S. 106), und das Mozart-Festival (Ende Juni). Von Mai bis September spielen samstags um 10.10 Uhr Blaskapellen in den Na-Valech-Gärten; dienstags, donnerstags, freitags und sonntags um 13 Uhr sowie samstags um 17 Uhr (Mai bis Oktober) finden Konzerte im Palais Lobkowicz statt. Häufig werden Konzerte auch auf der Treppe vor dem Nationalmuseum auf dem Wenzelsplatz gegeben. Konzertveranstaltungen findet man auch im Rudolfinum (Alsovo nábřeží 12, in der Altstadt, Tel: 24 89 31 11); im Spanischen Saal (Španélsky sál) in der Prager Burg (Tel: 53 34 74) sowie in der Staatsoper (Legerova 73, Tel: 24 22 98 98).

Was unternehmen wir heute?

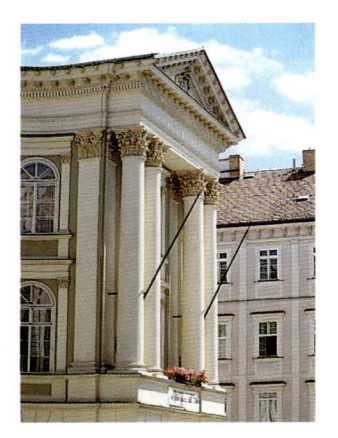

*K*ulturelle Veranstaltungen finden in Prag in formellem und in ungezwungenem Rahmen statt.

Andere Musik. Aber auch Jazz- und Rockmusik kommen in Prag nicht zu kurz. Im Strahov-Stadion finden regelmäßig Rockkonzerte statt, berühmte Gruppen wie Pink Floyd und die Rolling Stones sind hier aufgetreten. Das Prager Internationale Jazz-Festival findet jährlich im Oktober statt.

Theater. Am berühmtesten ist die Prager Multi-Media-Schau *Laterna Magica*, die mit ihren bahnbrechenden Veranstaltungen, einer Mischung von Musik, Pantomime, Tanz, Film und Humor, schon seit den 50er Jahren die Zuschauer begeistert. Auch das traditionelle und experimentelle Theater wird gepflegt; die Aufführungen finden natürlich in tschechischer Sprache statt.

Kartenverkauf. Für vielbesuchte Veranstaltungen sollten Karten rechtzeitig bestellt werden (im März für die Prager Frühlingsfestspiele). Karten gibt es an den Theaterkassen (Standby-Karten eine Stunde vor Beginn der Vorstellung an der Abendkasse), beim Prager Informationszentrum (siehe FREMDENVERKEHRSÄMTER S. 133), in Hotels oder (teurer) in den Theaterkartenbüros. Tiketpro ist ein computerisierter Netzdienst, der außer Karten für Konzerte und Theater auch Karten für Sportveranstaltungen und Rockkonzerte bucht. Auskunft: Tel: 24 81 60 20; telefonische Bestellungen unter

Unterhaltung

24 81 40 20; Fax-Reservierungen 24 81 40 21; Adresse: Salvátorská 10, Prag 1.

Außerhalb von Prag

Auch Brünn (*Brno*) und Preßburg (*Bratislava*) halten jährlich Musikfestspiele ab, und in Preßburg gibt es außerdem im September das Internationale Jazz-Festival. Außerhalb der Großstädte konzentrieren sich Kulturveranstaltungen in den Kurbädern Westböhmens, mit vollem Sommerspielplan von Konzerten und Theaterstükken. Karlsbad veranstaltet bedeutende Internationale Filmfestspiele im Juli, Dvořák-Musikfestspiele im September und ein Jazz-Festival im Mai.

Eine der bekanntesten und farbenfrohesten Veranstaltungen ist das jährliche Folklorefestival in Strážnice (60km südöstlich von Brünn), auf dem sich im Juli Gruppen aus ganz Tschechien und der Slowakischen Republik treffen, um traditionelle Musik und Tanz zu feiern.

Was unternehmen wir heute?

Veranstaltungskalender

Mai   Jazz-Festival Karlsbad

12. Mai - 2. Juni   Prager Frühlingsfestspiele, an verschiedenen Orten in der Stadt. Eine der größten internationalen Veranstaltungen klassischer Musik.

Anfang Juni   Internationales Folklore-Festival in Hradec Králové (Königgrätz) und Pardubice.

Juni-Juli   Südböhmische Musik-Festspiele, Konzerte in Třeboň, České Budějovice (Budweis) und Jindřichův Hradec (Neuhaus).

Juli   Strážnice Folklore-Festival.

Juli   Marienbader Kulturfestspiele.

Juli   Internationale Filmfestspiele, Karlsbad.

August   Český Krumlover Internationale Festspiele. Musik, Theater, Tanz, Folklore.

Anfang August Skoda Tschechisches Open, internationales Tennis-Turnier in Prag-Stvanice.

Ende August Internationales Grand Prix Motorradrennen, Brno (Brünn).

Ende August Chopin-Festspiele, Marienbad.

Anfang September Internationales Folklore-Festival, Brno (Brünn).

September   Prager Herbst-Festspiele, Stadthaus. Die internationalen Musik-Festspiele geben den Auftakt zur Konzert- und Theatersaison.

September   Dvořák Musik-Festspiele, Karlovy Vary (Karlsbad).

Anfang Oktober Bier Festival, Plzeň (Pilsen).

Oktober   Prager Internationales Jazz Festival.

Sport

Wandern und Klettern. Kreuz und quer durch Tschechien führen markierte Wanderwege, Tausende von Kilometern lang. Alle haben Wegweiser, sind farbig markiert und auf erstklassigen Wanderkarten eingetragen (siehe KARTEN S.130). Die schönsten Wanderungen machen Sie im Riesengebirge, dem Böhmerwald, im Böhmischen Paradies und in der Böhmischen Schweiz; und einmalige Gelegenheiten zum Bergsteigen gibt es in Adršpach-Teplice und im Böhmischen Paradies. Zu einer Höhenwanderung im Riesengebirge brauchen Sie die richtige Wanderausrüstung, da ein plötzlicher Wetterumschwung selbst im Sommer Unwetter und Schneestürme mit sich bringen kann.

Radfahren. Ein Fahrrad ist ein herrliches Mittel, weniger bekannte Wege zu erkunden. Auf der Wanderkarte im Maßstab 1:50 000 sind alle Radfahrwege eingezeichnet;

Zuschauer beobachten gern, wie die Kanus durch das Wehr schießen.

mit einem Geländefahrrad lassen sich auch viele der niedriger liegenden Fußwege befahren. Fahrräder gibt es in Prag und Karlsbad zu mieten.

Wassersport. In Tschechien gehört das Paddelbootfahren zu den beliebtesten Freizeitbeschäftigungen, besonders an den oberen Flußläufen der Moldau und der Wottawa, die im Böhmerwald entspringen. Wanderfahrten mit Zweisitzer-Kajaks oder mit kanadischen

Was unternehmen wir heute?

Kanus sind die beliebteste Art dieses Sports. Camping-Plätze liegen günstig an den Ufern der viel besuchten Flüsse. Paddel- und Schlauchboote können Sie in Krumau (*Český Krumlov*) mieten.

Paddeln auf stillen Wassern, sowie Windsurfen, Jollen-Segeln und Motorbootfahren sind ein besonderes Vergnügen auf dem Lipnosee im Böhmerwald. Verleih von Wassersportausrüstungen gibt es in einigen Reisestädtchen am Nordufer. Badestrände gibt es überall am See und auch an vielen künstlich angelegten kleinen Seen in der Gegend von Treboňsko. Auch auf dem Slapy-Stausee, 32km südlich von Prag, kann man Bootfahrten machen und schwimmen.

Skifahren. Tschechiens Berge sind nicht besonders hoch, doch im Winter gibt es genug Schnee zum Skilaufen. Skianlagen und Skiverleih sind nicht ganz so wie in den Alpen, dafür weitaus billiger. Das beste Ski-Alpin finden Sie im Riesengebirge und im Böhmerwald, und gute Langlauf-Loipen sind in allen nennenswerten Gebirgsgegenden angelegt worden. Die Saison läuft von Dezember bis April.

Golf. In Motol, Prag 5, gibt es einen Platz mit 9 Löchern, aber anspruchsvoller spielt man auf dem 18-Loch-Platz in Marienbad sowie in Karlsbad und Karlstein (1994 eröffnet). Alle Golfplätze sind von April bis Oktober geöffnet.

Tennis. Die Tennisplätze im Štvanice-Stadion, das auf einer Moldauinsel flußabwärts vom Stadtzentrum liegt, muß man im voraus buchen (Tel: 231 63 23). In Prag gibt es noch andere Tennisplätze, in Strahov und im Letná-Park.

Zuschauersport. Fußballspiele finden von September bis Dezember und März bis Juni statt, Eishockey von September bis April. Auch Basketball und Volleyball wird gespielt. Von Mai bis Oktober finden jeden Sonntagnachmittag auf der Pferderennbahn in Velká Chuchle (ca. 5km südlich von Prag) Pferderennen statt.

Essen und Trinken

Die tschechische Küche ist im wesentlichen herzhafte Bauernkost, ähnlich der der österreichischen und süddeutschen Nachbarn, wobei ein gelegentlich würziges Gericht den ungarischen Einfluß verrät. Zum traditionellen Schweine- oder Rinderbraten in Sahnesoße gibt es Knödel (*knedlíky*). Auch Reh, Wildschwein, Hase und Ente sind beliebt, oder wie wäre es mit einem deftigen Fleischeintopf? Ein kühles tschechisches Bier darf selbstverständlich nicht fehlen.

Wo ißt man?

Das Angebot an Eßlokalen ist groß und vielseitig. Unter einem *restaurace* versteht man ein herkömmliches Restaurant mit Bedienung, das entweder exklusiv sein kann oder sich auf bestimmte regionale oder ausländische Gerichte spezialisiert. Es ißt sich allerdings auch gut in einer Weinstube (*vinárna*) mit seiner intimeren und möglicherweise historischen oder volkstümlichen Atmosphäre. In den Bierhallen (*pivnice*) geht es stimmungsvoll und ungezwungen zu. Kaffee und Kuchen gibt es in der *cukrárna* (Konditorei)

In Bierhallen wie in traditionellen Restaurants werden herzhafte Mahlzeiten serviert.

Essen und Trinken

oder im *kavárna,* einem Café im Stil der alten Zeit.

Für den Schnellimbiß gibt es das *bufet* oder *rychlé občerství.* Diese Stehlokale bieten fetthaltige Köstlichkeiten, von Frankfurter Würstchen und Bouletten bis hin zum Kartoffelpuffer und gebackenem Käse. Das Schild »*samoobsluha*« bedeutet »Selbstbedienung«. (Auf S. 00-00 sind diverse empfehlenswerte Restaurants und Cafés aufgeführt.)

Frühstück (snídaně)

Ein typisches Hotelfrühstück, das zwischen 7.30 und 9.30 Uhr serviert wird, besteht aus gekochtem Schinken und Käse mit Roggenbrot oder Brötchen, den *rohlíky,* und selbstverständlich Kaffee. In den teureren Hotels kann der Gast vom reichhaltigen Büfett wählen: frisches Obst, Müsli und ähnliches, Schinken, Wurst, Eier, Käse, Brötchen und Gebäck. Da der Arbeitstag in Tschechien schon sehr früh beginnt, kann man bereits ab 5.30 Uhr in einer Imbißstube Frühstück bekommen.

Mittag- und Abendessen

Die Hauptmahlzeit ist für die Tschechen das Mittagessen (*oběd*), das zwischen 12.00 und 14.00 Uhr auf den Tisch kommt, die Abendmahlzeit (*večeře*) besteht dagegen meist nur aus einem Imbiß. In den Touristenhotels und Restaurants gibt es selbstverständlich ein volles, dreigängiges Abendessen, und zwar zwischen 18.30 und 22.00 Uhr. In Touristengegenden ist die Speisekarte (*jídelní lístek*) gewöhnlich auf Tschechisch, Deutsch und Englisch ausgeschrieben; doch je weiter man von den wohlgetretenen Touristenpfaden abweicht, desto größer die Wahrscheinlichkeit, daß die Speisekarten nur in Tschechisch sind und die Sprachkenntnisse der Kellner ihre Grenzen haben. Die Gerichte sind folgendermaßen unterteilt: *studené predkrmy* (kalte Vorspeisen), *polévka* (Suppen), *teplé predkrmy* (warme Vorspeisen), *ryby* (Fisch), *drůbež* (Geflügel), *hotová jídla* (Hauptgerichte), *prílohy* (Bei-

Essen und Trinken

lagen), *moučníky* (Nachspeisen) und *nápoje* (Getränke).

Eine klassische **Vorspeise** ist der würzige Prager Schinken (*pražská šunka*), der in hauchdünnen Scheiben mit grüner Gurke, Rettich, Käse und Delikateßgurken serviert wird. Eine weitere Spezialität sind *chlebíčky*, belegte Brote, eine Art von französischen Baguettes mit Quark, Delikateßgurken, Räucherfisch, Schinken oder Salat.

Suppe (*polévka*) ist der traditionelle Auftakt zur tschechischen Mahlzeit. *Cibulačká* ist eine Zwiebelsuppe mit Käse und Croutons, während *bramborová* eine herzhafte und köstliche Kartoffelsuppe mit Pilzen ist. Unter anderem gibt es *borsč*, (Bortsch), *hovězí* (Rinderbrühe), *hrachová* (dikke Erbsensuppe) und *čočková* (Linsensuppe).

Zu Weihnachten kommt traditionsgemäß Karpfen (*kapr*)

*B*esucher genießen ihren Kaffee in der Jugendstil-Atmosphäre des Hotels Europa in Prag.

Essen und Trinken

auf den festlichen Mittagstisch. Dieser **Fisch** wird seit dem Mittelalter in den Fischteichen Südböhmens gezüchtet und das ganze Jahr über gegessen, entweder paniert und gebraten (*smažený*) oder mit Kümmel im Ofen gebacken (*pečený na kmině*). Forelle (*pstruh*), Zander (*candát*), Hecht (*štika*), und Aal (*úhoř*) stehen ebenfalls auf der Speisekarte.

Als **Hauptgericht** erfreut sich Schweinebraten mit Knödeln und Sauerkraut (*vepřové, knedlíky a zelí*) großer Beliebtheit. Regelmäßig steht außerdem Rinderbraten mit Saurer-Sahne-Soße (*svíčková pečeně na smetaně*) auf dem Tisch. Ungarisches Gulasch (*guláš*), zubereitet aus Schweine-, Rinder- oder Rehfleisch in gepfefferter Paprikasoße, läßt den Duft der Küche des alten Habsburger Reiches herüberwehen. Dazu sollten möglichst viele Knödel bestellt werden, um die würzige Soße aufzusaugen. Auch das typisch österreichische Wiener Schnitzel (*vídeňský řízek*) wird hier köstlich zubereitet. Zu allen Hauptgerichten kann man Beilagen bestellen, wie Gemüse (*zelenina*), Kartoffeln (*brambory*) oder Pommes Frites (*hranolky*).

Die traditionellen **Nachspeisen** (*moučník*) sind genau so füllend wie das Hauptgericht. Zwetschgenknödel (*svestkové knedlíky*) werden mit brauner Butter und Puderzucker aufgetragen, während *jablkovy závin*, mit Zimt und Rosinen gefüllte, ganze Äpfel, in Knetteig eingewickelt und ausgebacken, meist mit einer gehörigen Portion Schlagsahne serviert werden. Etwas leichter Verdaulicheres sind *palačinky* (Palatschinken) mit Eis (*zmrzlina*), Kompott (*kompot*) oder Schokoladensoße *čokoládová*).

Vegetarische Küche

Dies ist kein Land für Vegetarier, obwohl es in Prag selbst schon recht viele vegetarische Restaurants gibt jedes Jahr kommen neue hinzu. Viele nicht vegetarische Restaurants bieten inzwischen auch Gerichte ohne Fleisch (*bez masa*) an. Gemüsesuppen werden oft mit Fleischbrühe gekocht.

Essen und Trinken

Imbisse

Die herrlich duftenden Imbißstände in Prag und anderen größeren Städten laden mit *klobása* (würziger Wurst mit Roggenbrot und Senf) ein, mit *smažený sýr* (paniertem gebackenem Käse), oder mit *bramborák* (Kartoffelpuffer mit Knoblauch und Salami). Speiseeis gibt es überall.

Getränke

Das Nationalgetränk der Tschechen ist bekanntlich das **Bier** (*pivo*), und so hat dieses Land auch mit jährlich 150 Litern pro Kopf weltweit den Höchstverbrauch. Natürlich ist das tschechische Bier das beste der Welt, und diesen Ruf hat es schon seit vielen hundert Jahren. Die Brauereien in Pilsen (*Plzeň*) nehmen das weiche Wasser dieser Gegend und Hopfen vom nahen Žatec, sowie eine am Boden fermentierende Hefe, was ein helles, trockenes, viel Hopfen enthaltendes Bier erzeugt, das zum Standard für alle Pilsner auf der ganzen Welt wurde. Seit

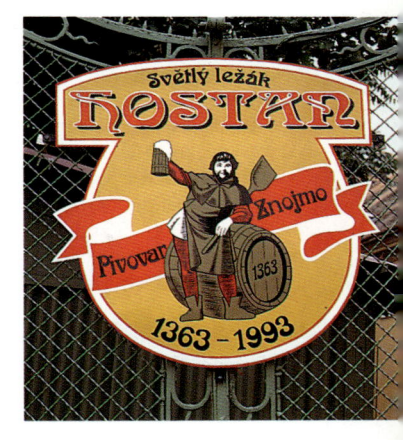

Die Tschechische Republik ist wegen ihrer Biere berühmt – dies ist die Brauerei in Znojma.

1842 gibt es das berühmte *Plzeňský prazdroj* (Pilsner Urquell). Andere beliebte Sorten sind *Gambrinus* (Pilsen), *Budvar/Budweiser* (České Budéjovice), *Staropramen* (Prag), *Regent* (Trebon) und *Velkopopovické* (Velké Popovice). Am köstlichsten schmeckt es natürlich frisch vom Faß –

Essen und Trinken

bestellt wird es als *malé pivo* (0,3 l) oder *velké pivo* (0,5 l).

Die Tschechen erzeugen und verbrauchen weitaus weniger **Wein** als ihre Nachbarn in der Slowakei. Die Weingärten befinden sich hauptsächlich in Südmähren, wo Rebstöcke auf 14 000 ha angebaut sind. Böhmen hingegen hat nur 500 ha nördlich von Prag in der Umgebung der Stadt Mělník. Die böhmischen Weine sind den deutschen recht ähnlich, und im allgemeinen wird hier der etwas süßliche Weißwein (*bílé*) bevorzugt. Ein trockenerer Wein ist der Rulandské. Die Rotweine (*červené*) sind etwas besser – nennenswert sind Vavřinec, Frankovka und Rulandské.

Unter den **Likören und Spirituosen** gehört der Kräuterschnaps *Becherovka* wohl zu den bekanntesten. Er wird gekühlt als Aperitif getrunken oder aber mit Tonic gemischt. Andere bekannte Liköre sind: *borovička* (mit Wacholderbeergeschmack), *griotka* (mit Kirschgeschmack) und *meruňkovice* (Aprikosenlikör). Das Feuerwasser hier ist der *slivovice*, der aus Pflaumen gebrannte Slibowitz.

Zu den **alkoholfreien Getränken** (*nealkoholické nápoje*, oft zu *nealko* abgekürzt) zählen die bekannten Weltmarken der alkoholfreien Getränke, sowie Mineralwasser. Die hiesige Marke heißt *Dobrá voda* (»gutes Wasser«). Ein roter Verschluß bedeutet mit Kohlensäure, ein blauer ohne. Frischer Orangensaft ist schwieriger zu finden.

Kaffee (*káva*) wird meistens als Türkischer Kaffee (*turecká*) serviert; das heißt, er ist stark und schwarz, und der Kaffeesatz sammelt sich am Boden der Tasse; Wiener Kaffee (*vídeňská káva*) bekommt man mit einem Schlag Sahne serviert. In den neueren Cafés und Hotels, insbesondere in Prag, kann man einen recht guten *espresso* bekommen, allerdings ist es immer noch sehr schwer, einen anständigen *cappuccino* aufzutreiben. **Tee** (*čaj*) besteht aus einem in lauwarmes Wasser getauchten Liptons-Teebeutel und einer Scheibe Zitrone. – Halten Sie sich lieber an Kaffee!

BERLITZ-INFO

Praktische Hinweise von A bis Z

> Die Übersetzung der Stichwörter (meist in der Einzahl) und Redewendungen sind nützlich, wenn Sie um Hilfe bitten. Bei Ausspracheschwierigkeiten siehe Stichwort SPRACHE.

A

ALLEINREISENDE FRAUEN

Alleinreisende Frauen sind in der Tschechischen Republik verhältnißmäßig sicher, nur an der Grenze zu Deutschland ist zwischen Děčín und Hřensko Vorsicht geboten – Prostituiertengebiet! Auch das Reisen per Anhalter sollte vermieden werden.

ANREISE

Mit dem Auto

Von Frankfurt führt der schnellste Weg über Nürnberg (Grenzübergang Waidhaus) und Pilsen nach Prag. Wenn Sie mehr Zeit haben, fahren Sie über Bayreuth (Grenzübergang Schirnding) und Karlsbad nach Prag. Von Zürich aus fahren Sie am besten über Stuttgart-Nürnberg. Von Wien aus empfiehlt sich der kleine Umweg über Bratislava. Ab hier haben Sie Autobahn bis Prag (ca. 350 km).

Mit der Bahn

Von Stuttgart, München, Frankfurt und Wien verkehren Direktzüge nach Prag. Ab Zürich steigt man in Stuttgart oder München um.

Westeuropäische »Schienenpässe« wie Inter-Rail usw. sind auch in der Tschechischen Republik gültig. Studenten mit internationalem

Studentenausweis und Reisepaß erhalten auf internationalen Fahrkarten (Ein- oder Ausreise) eine Ermäßigung.

Mit dem Flugzeug

Der Flughafen Prag-Ruzyně wird im Linienverkehr täglich nonstop ab Frankfurt am Main, Wien und Zürich angeflogen.

Charterflüge, Pauschalreisen usw. Verschiedene Reiseveranstalter haben Touren in ihrem Programm, in denen »alles inbegriffen« ist.

ÄRZTLICHE HILFE

In Notfällen ist die Behandlung für Ausländer kostenfrei. Alles andere wird berechnet, es sei denn, es gibt ein Abkommen mit dem Herkunftsland des Touristen. Eine Klinik für Ausländer liegt am Karlovo náměstí 32, Prag 2, Tel. 24 91 48 24 – gegen Bezahlung. Die Ärzte sprechen Deutsch und Englisch. Im Notfall wählen Sie Tel: 155.

Einige **Apotheken** (*lékárna*) haben über die Geschäftszeiten hinaus geöffnet. Die Adresse der Nachtbereitschaft finden Sie an der Eingangstür jeder Apotheke. Falls Sie bestimmte Medikamente benötigen, sollten Sie sich einen Vorrat von zu Hause mitbringen, da diese in Tschechien vielleicht nicht erhältlich sind. Rund um die Uhr geöffnet ist die Apotheke in Na příkopě 7, Prag 1, 24 21 02 29.

Ich brauche einen Arzt/Zahnarzt.	**Potřebuji lékaře/zubaře.**
Wo ist die nächste Apotheke?	**Kde je nejbližší lékárna?**
Ich habe hier Schmerzen.	**Bolí mne tady.**
Kopfschmerzen/Magenschmerzen	**bolest hlavy/bolest žaludku**
Fieber/Erkältung	**teplota (horečka)/rýma**

AUTOFAHREN IN DER TSCHECHISCHEN REPUBLIK

Für die Einreise mit dem eigenen Wagen benötigen Sie

- gültigen Führerschein
- Kraftfahrzeugpapiere
- das Formular, das mit dem Visum ausgehändigt wird

- grüne Versicherungskarte (für Österreicher wird sie empfohlen)
- Nationalitätskennzeichen am Fahrzeug
- Verbandskasten
- rotes Warndreieck
- Vignette (kostet DM 23)

Wenn Sie einen fremden Wagen fahren, müssen Sie die schriftliche Erlaubnis des Halters vorweisen können.

Geschwindigkeitsbeschränkungen. Die Höchstgeschwindigkeit auf Schnellstraßen beträgt 110 km/h, auf Landstraßen 90 km/h und in Ortschaften 60 km/h bzw. 40 km/h. Die Beschränkungen werden streng überwacht; die Polizei kassiert sofort Geldstrafen, aber verlangen Sie immer eine Quittung (*účet*).

Verkehrsvorschriften. Anlegen der Sicherheitsgurte ist Pflicht. Es herrscht absolutes Alkoholverbot: wenn auch nur die kleinste Menge Alkohol in Ihrem Blut festgestellt wird, haben Sie sich bereits strafbar gemacht.

Für den nicht eingeweihten Fahrer ist Prag ein Labyrinth. Nur Leute mit viel Zeit und guter Ortskenntnis wie etwa Taxifahrer finden zwischen Fußgängerzonen, Einbahnstraßen, Umleitungen und Baustellen auf Anhieb den richtigen Weg. Noch schlimmer ist es während der Stoßzeiten von 6-8 Uhr und von 15-17 Uhr. Angesichts der vielen Verkehrsstaus, Umleitungen und Parkverbote tun Besucher gut daran, ihr Auto außerhalb des Zentrums abzustellen und öffentliche Verkehrsmittel zu benutzen.

Pannen und Unfälle. Die »gelben Engel«, die Pannenhelfer des tschechischen Automobilklubs Autoturist, eilen Fahrern zu Hilfe, die mit einem Schaden festsitzen. Im ganzen Land gibt es mehrere Werkstätten, und zwei davon befinden sich in Prag. An den Hauptstraßen sind auch Notrufsäulen aufgestellt, und die Polizei erreichen Sie unter der Nummer 158.

Benzin und Öl (*benzín, olej*). Die meisten Tankstellen sind von 6 bis 20 oder bis 21 Uhr geöffnet, in vielen Stadtteilen Prags auch rund um die Uhr. Erhältlich sind vier Kraftstoffarten: Normal (90 Oktan), Super (96 Oktan), Diesel und Bleifrei.

Parken. Im Zentrum Prags herrscht größtenteils Parkverbot. (Achtung: Fahrzeuge werden abgeschleppt!) Anderswo gibt es gebührenpflichtige Parkplätze in den Stadtzentren oder zumindest in bequemer Nähe.

Verkehrszeichen. Die meisten Straßenschilder haben international bekannte Symbole; einige Beschriftungen sollten Sie aber kennen:

Jednosměrny provoz	Einbahnstraße
Na silnici se pracuje	Straßenarbeiten
Nebezpečí	Gefahr
Nevstupujte	Zufahrt verboten
Objížďka	Umleitung
Opatrně	Vorsicht
Pěší zóna	Fußgängerzone
Pozor!	Achtung
Snížit rychlost (zpomalit)	Langsam fahren
Vchod	Einfahrt
Východ	Ausfahrt
Volltanken, bitte.	**Plnou nádrž, prosím.**
Super/Normal/Bleifrei/Diesel	**super/obyčejný/bezolovnatý** oder **naturál/nafta**
Kontrollieren Sie bitte das Öl/die Reifen/die Batterie.	**Prosím, zkontrolujte mi olej/ pneumatiky/baterii.**
Ich habe eine Panne.	**Mám poruchu.**
Es ist ein Unfall passiert.	**Stala se nehoda.**
Kann ich hier parken?	**Mohu zde parkovat?**
Geht es hier nach…?	**Jedeme dobře do…?/Vede tato silnice do…?**

AUTOVERLEIH (půjčovna auto)
(siehe auch AUTOFAHREN und GELDANGELEGENHEITEN)

Es gibt in Prag unter anderem folgende Verleihfirmen: Hertz, Karlovo náměstí 28, Nové Město, Tel: 29 78 36; Europcar/Interrent, Pařížská 28, Josefov, Tel: 24 81 12 90; Avis, E. Krásnohorské 9, Staré Město, Tel: 231 55 15; A Rent Car, Opletalova 33 (gegenüber vom Bahnhof), Tel: 24 22 98 48.

Sie können zwischen verschiedenen Ausstattungen sowie einem festen Stunden- oder Tagessatz oder einem Tarif ohne Kilometerbeschränkung inklusive Unfallversicherung wählen. Die Formalitäten sind die gleichen wie in anderen Ländern; Kreditkarten erweisen sich wegen der hohen Bargeldhinterlegung als besonders nützlich.

Ich möchte ein Auto mieten.	**Chtěl bych si půjčit auto.**
großes/kleines	**velké/malé**
für einen Tag/eine Woche	**na jeden den/týden**
Mit Vollkasko, bitte.	**Prosím, započítejte plné pojistění.**

B

BEHINDERTE REISENDE

Die Einrichtungen für Behinderte entsprechen noch nicht den europäischen Normen, doch werden Anstrengungen unternommen, um die Situation zu bessern. Wenden Sie sich ans Hauptbüro des Behindertenverbands, Karlínské náměstí 12, Prag 8, Tel. 24 21 59 15 (von 8 bis 16 Uhr geöffnet). Dort leiht man Rollstühle aus.

BEKANNTSCHAFTEN

Der Handkuß gehört inzwischen der Vergangenheit an, aber andere in Mitteleuropa übliche Höflichkeitsformen sind hier noch üblich. Vor und nach geschäftlichen oder privaten Treffen schüttelt man sich die Hand. Bei geschäftlichen Verabredungen wird Pünktlichkeit geschätzt.Bei privaten Einladungen sind Blumen oder eine gute Flasche Wein das geeignete Gastgeschenk.

BESCHWERDEN (stížnost)

Wenn Sie meinen, daß die Bedienung schlecht oder der Preis zu hoch war, machen Sie Ihre Ansprüche sofort geltend; sprechen Sie höflich, aber bestimmt mit dem Geschäftsführer oder Besitzer des Hotels, Restaurants oder Geschäfts. Falls keine zufriedenstellende Lösung erreicht wird, können Sie Ihre Klage in das Beschwerdebuch (*kniha přání a stžnostî*) eintragen. Jeder Dienstleistungsbetrieb muß dieses Buch für seine Kunden bereitlegen.

Schon die Androhung dieses Schritts, der großen bürokratischen Aufwand nach sich zieht, führt oft zu einer friedlichen Einigung. Sollte diese nicht erzielt worden sein, können Sie sich an das Fremdenverkehrsamt (siehe Seite 124) wenden.

C

CAMPING

Es gibt in der Tschechischen Republik an die 250 Campingplätze. Die meisten sind jedoch von Oktober bis März geschlossen. Der Verlag Kartografie Praha gibt eine Karte heraus, die *Autokempnky České* (siehe KARTEN Seite xxx), auf der alle Campingplätze eingetragen sind, zusammen mit einer Auflistung der entsprechenden Telefonnummern, Öffnungszeiten und Einrichtigungen. Erwarten Sie aber keinen Luxus: Die Ausstattung entspricht dem mittleren Standard.

D

DIEBSTAHL und VERBRECHEN
(Siehe auch NOTFÄLLE und POLIZEI)

Gewaltverbrechen sind selten, nicht aber Diebstahl. Geben Sie Wertsachen in den Hotelsafe und seien Sie auf der Hut. Diebstahl oder Verlüst müssen unverzüglich der Polizei gemeldet werden, schon um den Vorschriften der Reiseversicherung zu entsprechen. Verlust des Reisepasses melden Sie dem Konsulat Ihres Landes.

Ich möchte einen Diebstahl melden.	**Chci ohlásit krádež.**
Mein/e Brieftasche/Handtasche/Reisepaß/Fahrkarte ist gestohlen worden.	**Ukradli mi náprsní tašku (peněženku)/kabelku/pas/lístek.**

F

FAHRRADVERLEIH (*půjčovna kolo*)

Fahrradfahren erfreut sich bei den Tschechen großer Beliebtheit, als Freizeitsport und als Verkehrsmittel. In allen Touristengegenden gibt es Verleihe, u.a. in Prag: A Landa, Šumavská 33, Prag 6, Tel: 253 99 82; Mipos, Za Humny 4, Prag 6, Tel: 302 32 88; Karlsbad: American Express Travel Service (neben dem Grand Hotel Pupp).

FEIERTAGE

1. Januar	*Nový rok*	Neujahr
1. Mai	*Svátek práce*	Maitag
8. Mai	*Vítežtví nad fašismem*	Sieg über den Faschismus (Tag der Freiheit)
5. Juli	*Slovanští věrozvěsti sv. Cyril a Metoděj*	Slawische Missionare St. Cyril u. St. Methodius
6. Juli	*Výročí úmrtí Jana Husa*	Todestag von Jan Hus
28. Oktober	*První československá republika*	Erste tschechoslowakische Republik
24. Dezember	*Štědrý den*	Heiligabend
25.-26. Dezember	*Svátek vánoční*	Weihnachten
Bewegliches Fest:	*Velikonoční pondělíi*	Ostermontag

Haben Sie morgen geöffnet?	**Máte zítra otevřeno?**

FLUGHAFEN (letiště)

Der Flughafen Prag-Ruzyné wird von ČA und 20 ausländischen Linien angeflogen sowie von Kleinflügen nach u.a. Brno.

Es gibt eine Bank und Zimmervermittlungsstelle, ein Mietwagenbüro, Café und Restaurant sowie Souvenir- und Duty-free-Läden. Gepäckkulis sind kostenlos. Gepäckträger gibt es auch.

Flughafenverbindungen. Taxis stehen bereit. (siehe ÖFFENTLICHE VERKEHRSMITTEL Seite 132.) Der Bus 119 fährt alle 15 Minuten zur Metrostation Dejvická, von wo man jeden Stadtteil erreichen kann. Die Fahrt dauert zwischen 35 und 60 Minuten (Fahrkartenautomat neben dem Informationsschalter – Sie benötigen zwei Fahrkarten, eine für den Bus und die andere für die U-Bahn, die Metro. Der tschechische Flugdienst (ČSA) bietet einen Busdienst vom Flughafengebäude im halbstündigen Pendelverkehr zwischen 7 und 19 Uhr, der bis Revoluční 25 fährt (Nähe náměstí Republiky U-Bahnstation). Fahrzeit ungefähr 30 – 40 Minuten (Fahrkartenverkauf im Bus). Ein weiterer von ČSA und Čedok eingesetzter Bus steuert viermal täglich die größten Hotels an.

ČSAs interner Flugdienst verbindet Prag mit Brno (Brünn), Ostrava (Mährisch-Ostrau), Zlín, Karlova Vary (Karlsbad) und Bratislava (Preßburg). ČSAs Geschäftsanschrift in Prag ist Revoluční 1, Tel: 24 80 61 11; Flugauskunft Tel: 24 81 51 03.

Wo steht der Bus ins Stadtzentrum/zum Flughafen?	**Odkud jede autobus do centra města/na letišté?**
Gepäckträger!	**Nosič!**
Tragen Sie bitte diese Koffer zum Bus/Taxi!	**Prosím, odneste tato zavazadlak autobusu/taxi!**

FOTOGRAFIEREN (fotografie)

Filme und Entwickeln sind ziemlich teuer. Westliche Marken sind in Geschäften mit der Aufschrift »Foto, Kino« erhältlich, die aber meist am Wochenende geschlossen sind. Machen Sie keinesfalls Aufnahmen, wo Verbotsschilder Sie ausdrücklich darauf hinweisen.

Ich möchte einen Film für diese Kamera.	**Prosím film do tohoto aparátu.**
Farbabzug/Farbdia	**barevné kopie/barevné diapozitivy**
Darf ich fotografieren?	**Smím fotografovat?**

FREMDENFÜHRER und TOUREN (*průvodce/cestování*)

Čedok bietet eine große Auswahl an Kurz- oder Langtouren mit fremdsprachiger Führung, die von einer dreistündigen Rundfahrt durch Prag bis zu größeren Reisen durch die Tschechische Republik reichen. Sie können auch Führungen zu bestimmten Themen mitmachen, Bootrundfahrten unternehmen oder einen Heißluftballon besteigen. Auch Kneipen werden vorgestellt. Ferner vermittelt Čedok Ihnen auch eigene Fremdenführer/Dolmetscher.

FREMDENVERKEHRSÄMTER

Allgemeine und spezielle Informationen und Reiseprospekte über Tschechien erhalten Sie bei Čedok, dem ältesten und größten Reisebüro des Landes. Hier einige Adressen:

Bundesrepublik Deutschland: ČEDOK Reisen GmbH, Spezialbüro für Reisen nach Tschechien, Kaiserstraße 54, 60329 Frankfurt am Main, Tel. (069) 274 01 70.

Österreich: SCK (Tschechisches Reisebüro), Parkring 12, 1010 Wien, Tel. (01) 512 01 99/513 26 09.

Schweiz: SCK (Tschechisches Reisebüro), Gottfried-Keller Str. 7, 8001 Zürich, Tel. (01) 262 69 00.

Die Auslandsabteilung von Čedok ist in der Na příkopě 18, Prag 1, Tel. 212 71 11 (geöffnet täglich von 8.30 bis 19 Uhr). Auskünfte erteilt auch das Prager Informationszentrum in der Na příkopě 20, Tel. 54 44 44 (geöffnet Montag bis Freitag von 8 bis 20.30 Uhr, am Wochenende von 9 bis 15 Uhr). Im übrigen vermittelt **Pragotur** Zimmer, organisiert Führungen, wechselt Geld und verkauft Karten für kulturelle Veranstaltungen. Adresse: U Obecního domu 2,

Tel. 232 22 05, Fax 232 22 16. Öffnungszeiten: Montag bis Freitag 8 bis 20.30 Uhr, Samstag 10 bis 18 Uhr und Sonntag 10 bis 15 Uhr. Das **American Hospitality Center**, Malé náméstí 14, Prag 1, steht allen Nationalitäten offen.

Wo ist das Fremdenverkehrsamt?   **Kde je cestovní kancelář?**

FUNDSACHEN
(siehe auch KONSULATE und BOTSCHAFTEN und POLIZEI)

Wenden Sie sich mit Verlustmeldungen an Ihre Hotelrezeption oder das Fremdenverkehrsamt, die sich mit der zuständigen Polizeistelle oder im Falle eines Verlustes in einem öffentlichen Verkehrsmittel mit der Bus- oder Taxigesellschaft oder dem Bahnhof in Verbindung setzen werden. Wenn Sie Ihren Paß verloren haben, wenden Sie sich an die Botschaft Ihres Landes. Das Prager Fundbüro (*Ztráty a nálezy*) befindet sich in Karoliny Svétlé 5, Prag 1, Tel: 24 23 50 85.

Ich habe meinen Paß/ meine Brieftasche/Handtasche verloren.   **Ztratil jsem pas/náprsní tašku (peněženku)/kabelku.**

GELDANGELEGENHEITEN

Währung. Die Währungseinheit ist die tschechische Krone (*koruna česká*, abgekürzt Kč. Eine Krone ist unterteilt in 100 Heller (*hal.*).

Münzen: 10, 20, 50 hal., Kč 1, 2, 5, 10, 20, 50.

Banknoten: Kč 10, 20, 50, 100, 200, 500, 1000, 2000, 5000.

Banken und Wechselstuben (*banká, sméarna*). Die Banken sind montags bis freitags von 8 bis 12. und von 13 bis 17 Uhr geöffnet. Wechselstuben sind gewöhnlich bis spät abends sowie am Wochenende geöffnet, einige in Prag sogar 24 Stunden. Die besten Umtauschraten für Bargeld und Reiseschecks erhalten Sie an den größeren Banken, wovon die touristenfreundlichsten die Československá Obchodní Bank und die Komerční Banka sind. Die Umtauschgebühr liegt zwischen 1-3%, mit einer Mindestgebühr von ungefähr 50 Kč. Wer Bargeld wechselt, muß mit einer etwas höheren Umtauschgebühr als für Reiseschecks rechnen. Wechselstuben sind zwar länger geöffnet, doch zahlt man dort eine weitaus höhere Umtauschgebühr, die sich oft in der Dienstleistungsgebühr versteckt.

Reiseschecks können in Banken, Wechselstuben sowie in manchen Andenkenläden, Hotels und Restaurants getauscht werden, aber vergessen Sie Ihren Paß nicht! Der American Express Travel Service (Wenzelsplatz 56) tauscht und verkauft Reiseschecks und bietet eine ganze Reihe anderer Dienstleistungen an (geöffnet Montag bis Freitag 9 bis 19 Uhr, Wochenende 9 bis 15 Uhr). Branchen in Karlsbad und Bratislava.

Kreditkarten. Die bekannteren internationalen Kreditkarten werden in den Tuzex-Läden, Čedok-Büros sowie in den großen Hotels und Restaurants angenommen. Visa und Access/Mastercard können auch in Banken und Geldautomaten (PIN wird dazu benötigt) benutzt werden, um Bargeld zu kaufen (nur tschechische Währung). Die schnellste und einfachste Art, in Tschechien Bargeld zu bekommen, ist mit einer Kreditkarte am Geldautomaten.

Ich möchte D-Mark/Schweizer Franken/österreichische Schilling wechseln.	**Chci vyměnit nějaké německá marka/svycarsky frank/rakousky siling.**
Nehmen Sie Reiseschecks?	**Berete (Přijímáte) cestovní šeky?**
Kann ich mit dieser Kreditkarte zahlen?	**Mohu platit touto úvěrovou kartou?**

MIT SOVIEL MÜSSEN SIE RECHNEN

Hier finden Sie einige Durchschnittspreise in tschechischen *Koruna* (Kč) oder in US-Dollar für die Dienstleistungsbereiche, in denen üblicherweise mit dieser Währung gerechnet wird. Bedenken Sie jedoch, daß es sich dabei um *ungefähre* Angaben handelt.

Autoverleih. Ein vor Ort gemieteter Škoda Favorit kostet einschließlich Versicherung und Steuern 930 Kč pro Tag, plus 5.70 Kč pro Km, oder 8880 Kč pro Woche bei unbegrenzter Kilometerzahl.

Briefmarken, Porto. Postkarten innerhalb Europa 5 Kč Briefe bis zu 20 g in Europa 8 Kč.

Campinggebühren. Ungefähr 60 bis 100 Kč für einen Zeltstellplatz pro Nacht, plus 70 Kč pro Person. Auto- und Wohnwagenstellplatz je 90 Kč, Wohnmobil 170 Kč.

Essen und Trinken. Mittag- oder Abendessen für zwei Personen in einem guten Restaurant 300 – 800 Kč, eine Tasse Kaffee 20 Kč, ein Glas Bier, 0,5 l 10 – 20 Kč, ein Glas Wein 35 Kč, alkoholfreies Getränk pro Dose 10 – 20 Kč.

Fahrradverleih. Typische Mietgebühr: 70 Kč pro Stunde, 340 Kč pro Tag.

Flughafentransport. Vom Flughafen Prag zur Stadtmitte. Stadtbus und U-Bahn, 20 Kč CSA Pendelbus, 30 Kč; angemessener Taxi-Fahrpreis ca. 350 Kč.

Fotografieren und Video. Farbfilm mit 36 Bildern (ohne Entwickeln und Abzüge) 135 Kč; Dias-Farbfilm mit 36 Bildern (ohne Entwickeln) 170 Kč; Hi-8 Videokassette, 120 Minuten Spieldauer 630 Kč (im Fotogeschäft in Prag, anderswo teurer).

Hotels. (Doppelzimmer mit Bad und Frühstück). Außerhalb von Prag und Karlsbad: 1-Stern-Hotel 300 – 500 Kč, 2 Sterne 500 – 1000 Kč, 3 Sterne 1000 – 2000 Kč, 4 Sterne über 2000 Kč. Im Zentrum von Prag sind alle Hotels weitaus teurer – 3-Sterne-Hotel kostet 2000-3000 Kč, 5-Sterne-Hotel über 6000 Kč.

Öffentliche Verkehrsmittel in Prag. Einheitstariff 10 Kč; Touristen-Tageskarte, gültig für U-Bahn (Metero), Straßenbahn und Busse 50 Kč, 2-Tage-Karte 85 Kč, 3-Tage-Karte 110 Kč, 4-Tage-Karte 135 Kč, 5 Tage-Karte 170 Kč.

Sehenswürdigkeiten, Eintritt. Sammelkarte für Prager Burg, St.-Veitsdom, Königspalast und St.-Georgs-Basilika 80 Kč Prager Rathausturm 20 Kč; Staatliches Jüdisches Museum 270 Kč; Burg Česky Krumlov (Böhmisch Krumau) 70 Kč, Schloß Hluboká (Frauenberg) 40 Kč.

Taxis. In Prag ist die gesetzlich festgelegte Grundgebühr 10 Kč plus 12 Kč pro Kilometer.

Unterhaltung. Karten für die Prager Oper je 300 – 500 Kč, für Konzerte je 50 – 500 Kč, für Kinovorstellungen je 40 – 50 Kč.

Unterhaltung. Oper Kč 300-500, Konzert Kč 50-500, Nachtklub (mit Abendessen) Kč 800, Diskothek Kč 100.

H

HOMOSEXUELLEN-TREFFS

In Prag ist man Homosexuellen gegenüber ziemlich aufgeschlossen, es gibt Dutzende von Bars und Nachtclubs. In den ländlicheren Gegenden ist man man konservativer.

HOTELS und ANDERE UNTERKÜNFTE (*ubytování*)
(Siehe auch CAMPING, JUGENDHERBERGEN und HOTELEMPFEHLUNGEN Seite 65)

In den vergangenen fünf Jahren haben sich Auswahl und Niveau der in der Tschechischen Republik zur Verfügung stehenden Unterkünfte erheblich gesteigert. Auch auf dem privaten Sektor hat sich mit dem wachsenden Fremdenverkehr die Zahl der angebotenen Zimmer vervielfach. Die Unterkünfte sind allgemein gut, und (außerhalb Prags) verhältnismäßig preiswert. Im Juli oder August müssen in Prag, Karlsbad, Česky Krumlov (Böhmisch Krumau) und den anderen beliebten Urlaubsorten die Hotelreservierungen rechtzeitig vorgenommen werden. (In Prag herrscht auch zwischen April und November viel Betrieb, besonders während der Festspielwochen.)

Hotels. Diese sind in Sternen, von fünf Sternen bis hinunter zu nur einem Stern, eingestuft. Die Preise gelten im allgemeinen für Zimmer mit Bad, einschließlich Frühstück. In älteren Hotels findet man noch ab und zu ein Badezimmer, das zwei bis drei Gästezimmern dient. In den meisten Hotels gibt es ein Restaurant, wo Abendessen bis 22 Uhr serviert wird. Ein *Hotel Garni* hat nur begrenzten Restaurantdienst und bietet oft nur Frühstück.

Motels. Autofahrer können sich die vielen neuen Motels zu Nutze machen, die an den Hauptstraßen entlang in die Höhe geschossen sind. Sie sind meistens freundlich und modern und sind preiswert.

Frühstückspensionen und private Unterkünfte. Eine der preisgünstigsten Unterkünfte für den Besucher ist, privat ein Zimmer zu mieten. Wie in manchen anderen europäischen Ländern wohnt man hier in einer Familie und teilt mit ihr Wohn- und Badezimmer und eventuell die Küche. Unterkunftsbüros in Prag buchen Ihnen gern eine Privatunterkunft. Ansonsten kann man nach den Zeichen *privat* oder *Zimmer frei* Ausschau halten.

In Prag gibt es Unterkunftsbüros am Flugplatz, am Hauptbahnhof und im Stadtzentrum. AVE (täglich geöffnet von 6 bis 23 Uhr) am Flugplatz und im Hauptbahnhof *Hlavní nádraží*, Tel: 24 22 32 36; ČEDOK in Na příkopě 18, Tel: 24 19 76 15; oder Pragotur/PIS, Staroměstské náměstí 22, Tel: 24 21 28 44 stehen dem Reisenden zur Verfügung. Auskunft über preiswerte Unterkunft für junge Menschen, Jugendherbergen und ähnliches erteilt das CKM (Jugendreisebüro) in Žitna 12, Tel: 24 91 57 67. Alle Geschäftsstellen des ČEDOK reservieren ebenfalls Zimmer überall im Land.

Ich möchte ein Einzel/Doppelzimmer.	**Chtěl bych jednolůžkový pokoj/dvoulůžkovy pokoj.**
mit Bad/Dusche	**s koupelnou/se sprchou**
Was kostet eine Übernachtung?	**Kolik stojí za den?**

JUGENDHERBERGEN

Wenden Sie sich an das Jugendreisebüro CKM, *Cestovní kancelár mládeže*, Jindřiška 28, Tel: 24 23 02 18, geöffnet montags bis freitags von 9-17 Uhr und samstags von 9-12 Uhr mittags, das dem internationalen Jugendherbergswerk angegliedert ist und internationale Herbergsausweise ausstellt. Für Inhaber eines Internationalen Jugendherbergsausweises (nicht obligatorisch) gibt es im Juli und August Ermäßigungen.

In Prag ist die Strahov Hostel Estec Herberge ganzjährig geöffnet, Vaníçkova 5/blok 5, Prag 6, Tel: 52 73 44, Fax 52 73 43.

K

KARTEN und PLÄNE (*mapa; plán*)

Der tschechische Verlag Kartografie Praha gibt ausgezeichnete Stadtpläne im Maßstab 1 : 15 000 und 1 : 10 000 heraus und auch einen Straßenatlas von Tschechien im Maßstab 1 : 500 000 (auf dem historische Burgen und Schlösser sowie Klöster und andere interessante Orte eingetragen sind). In Touristengegenden sind diese gelben Karten an Zeitungskiosken und in Buchhandlungen erhältlich. Wanderkarten im Maßstab 1 : 50 000, die kreuz und quer durch ganz Tschechien führen, erhalten Sie vom tschechischen Touristenklub (*Klub českych turistů*).

ein Stadtplan **plán mésta**

KLIMA und KLEIDUNG

Das kontinentale Klima der Tschechischen Republik lädt zu jeder Jahreszeit zu einem Besuch ein. Die Sommer sind meist sonnig und heiß, die Winter kalt, Frühling und Herbst mild, aber wechselhaft.

Im folgenden die Durchschnittstemperaturen in Prag:

	J	F	M	A	M	J	J	A	S	O	N	D
Maximum °C*	10	11	18	23	28	31	33	32	29	22	14	10
Minimum °C*	–13	–12	–8	–2	2	7	9	8	4	–2	–5	–10

* Niedrigstwerte jeweils kurz vor Sonnenaufgang, Höchstwerte am Nachmittag gemessen.

Im Sommer empfiehlt sich leichte Kleidung und abends eine Jacke oder ein Pullover. Im Winter benötigen Sie Mantel und feste Schuhe.

Regenbekleidung ist immer nützlich. Sportliche Kleidung paßt zu den meisten Gelegenheiten, aber zu geschäftlichen Verabredungen wird ein Anzug getragen. Förmliche Kleidung ist vor allem bei Opern- und Theaterbesuchen angebracht. Es gibt in öffentlichen Gebäuden große Garderoben, denn den Hut oder Mantel in ein Restaurant oder Theater mitzunehmen, gilt als »unkultiviert« (nekulturní).

KONSULATE und BOTSCHAFTEN (konzulát; vyslanectví, velvyslanectví)

Die Adressen und Telefonnummern aller diplomatischen Vertretungen in Prag finden Sie im Telefonbuch unter Zastupitelské úřady.

Bundesrepublik Deutschland: Vlašská 19, Prag 1, Malá Strana; Tel. 53 23 51.

Österreich: Viktora Huga 10, 15115 Prag 5; Tel. 54 65 50.

Schweiz: Pevnostni 7, 16200 Prag 6; Tel. 32 04 06.

M

MEDIEN

Radio und Fernsehen (rozhlas; televize) In Prag wird ein Unterhaltungsprogramm von vier Rundfunksendern angeboten; einer davon (Radio Inter) bringt alle 20 Minuten Nachrichten in mehreren Sprachen: englisch, französisch, deutsch, spanisch und russisch. Die vier Fernsehsender strahlen die meisten Programme in Farbe aus. Wenn Sie einen ausländischen Film sehen möchten, werden Sie diesen eher synchronisiert als mit Untertiteln ausgestrahlt finden. In den Hotels sind Satellitenprogramme im Originalton zu empfangen.

Zeitungen und Zeitschriften (noviny; časopis) Westliche Tageszeitungen gibt es in Hotels, Kiosks und Läden.

| Haben Sie deutschsprachige Zeitungen? | **Máte nějaké nemecké noviny?** |

N

NOTFÄLLE (siehe auch Konsulate und Botschaften, Ärztliche Hilfe und Polizei)

In Notfällen kann man tags oder nachts folgende Nummern wählen:

Polizei	**158**
Feuer	**150**
Ärztliche Notfälle	**155**
Vorsicht!	**Opatrně!**
Feuer!	**Hoří!**
Hilfe!	**Pomoc!**
Haltet den Dieb!	**Chyťe zloděje!**

O

ÖFFENTLICHE VERKEHRSMITTEL

Autobus. In der Tschechischen gibt es ein gut ausgebautes Busnetz für Fernstrecken, das zum größten Teil vom tschechischen Busdienst (ČAD oder ČSAD) befahren wird. Busse sind im allgemeinen schneller und etwas billiger als die Bahn, und aus westeuropäischer Sicht ausgesprochen billig. Fahrpläne und Karten der Busstrecken gibt es an den größeren Bushaltestellen; die Fahrkarte muß man an der Haltestelle kaufen, bevor man in den Bus einsteigt. In Prag fahren die meisten Busse im Fern- und Nahverkehr vom Florenc-Busbahnhof ab (neben der Florenc U-Bahnstation). Fahrkarten für internationalen Busverkehr kann man in den meisten Reisebüros kaufen. Karten für Fahrten innerhalb Tschechiens kauft man am Busbahnhof. Auskunft über Prager Fahrpläne werden telefonisch erteilt: 24 21 10 60 (montags bis freitags von 6 bis 20 Uhr).

Stadtverkehr. Prag besitzt ein gut funktionierendes öffentliches Verkehrsnetz, in dem Autobusse, Straßen- und U-Bahnen gut auf einander abgestimmt sind. Einzelkarten sind am Kiosk oder beim Zeitungshändler erhältlich oder aber auf U-Bahnstationen am Automaten (allerdings nur zum genauen Fahrpreis). Beim Einsteigen in den Bus oder in die Straßenbahn läßt man sie in einem Automaten an der Tür abknipsen. Für jede Bus- oder Straßenbahnfahrt benötigt man eine neue Fahrkarte. Auf der U-Bahn wird die Fahrkarte in einen Automaten am Eingang gesteckt, die Karte ist danach 60 Minuten lang gültig, und man kann beliebig mit der U-Bahn fahren und umsteigen. Es gibt außerdem Touristenfahrkarten, die jeweils von einem Tag bis zu fünf Tage gelten, und zwar gleichermaßen für Bus, Straßen- und U-Bahn. Sie brauchen nicht abgeknipst oder abgestempelt zu werden. Das öffentliche Verkehrsnetz in anderen tschechischen Städten wie Brno (Brünn) und Hradec Králové (Königgrätz) ist ähnlich aufgebaut, nur gibt es dort keine U-Bahn.

Nützlicher Hinweis zu Schildern:

Vystup/Vychod	Ausgang
Vstup/Vchod	Eingang
Prestup	Verbindung/Umsteigen
Smér	Richtung, nach…
Stanice	Station, Bahnhof

Taxis. Taxis gibt es überall in Kurorten und in größeren Städten. In Prag gibt es leider ein paar unaufrichtige Taxifahrer, besonders auf der Strecke zwischen Flugplatz und Stadtzentrum. Erkundigen Sie sich daher vor dem Einsteigen nach dem Fahrpreis und achten Sie darauf, daß der Zähler eingestellt ist. Lassen Sie sich eine Quittung geben (*učet, prosím*), insbesondere dann, wenn der Fahrpreis übertrieben hoch aussieht (siehe MIT SOVIEL MÜSSEN SIE RECHNEN Seite 128). Es gibt natürlich zuverlässige Taxifirmen in Prag. Versuchen Sie AAA Taxi, Tel: 3399 (man spricht dort Englisch); oder ProfiTaxi, Tel: 61 04 55 55.

Eisenbahn. Die Tschechische Republik besitzt eines der billigsten und dichtesten Eisenbahnnetze Europas, leider aber auch eins der langsamsten. Die Schnellzüge heißen *express* oder *rychlík* und man muß für diese Züge mindestens eine Stunde vor der Abfahrt eine Reservierung buchen. (Auf dem Fahrplan sind sie sie mit »R« markiert.)

Für kürzere Fahrten, bis zu 120 Km (z.B. Prag – Pilsen) kann man seine Fahrkarte am Automaten lösen. Mit einem Eurotrain-Sonderpass für die Tschechische Republik kann man eine ganze Woche lang unbegrenzt durch Tschechien reisen. Er kann von allen europäischen Einwohnern beantragt werden, die entweder unter 26 Jahre alt sind oder eine ISIC-Karte besitzen sowie von Lehrern und deren Ehepartnern und Kindern. Man muß diesen Sonderpass allerdings vor Reiseantritt erwerben. Der Inter-Rail und Inter-Rail 26+ Pass gelten ebenfalls auf der tschechischen Eisenbahn.

Auskunft über Fahrpläne und Fahrkartenpreise erteilen die Reisebüros. In Prag gehen Sie am besten zur Geschäftsstelle der ČEDOK, Na prikopé 18 (siehe FREMDENVERKEHRSÄMTER auf S. 124.

ÖFFNUNGSZEITEN
(Siehe auch FEIERTAGE)

Banken. Montag bis Freitag von 8-12 Uhr und von 13-17 Uhr.

Wechselstuben. Täglich von 8 bis 20 Uhr, einige in Prag sind 24 Stunden geöffnet.

Museen und Kunstgalerien. Die meisten der staatlichen Burgen, Schlösser, Museen und Gallerien sind von 9 bis 18 Uhr geöffnet und montags geschlossen.

Postämter. Montags bis freitags 8-18, samstags 8-12Uhr.

Geschäfte. Montags bis freitags 8-18, samstags 8-12 Uhr.

P

POLIZEI (policie)
(Siehe auch NOTFÄLLE)

Im Fall eines Diebstahls oder Überfalls gehen Sie zur nächsten Polizeidienststelle der Kommunalpolizei, deren Beamte schwarze Uniformen tragen. Auf den Straßen wacht die Staatspolizei (khakifarbene Uniform). Die Polizeidirektion befindet sich in der Konviktská 14, Staré Město, Prag 1, Tel: 24 13 11 11.

Die Polizeinotrufnummer ist **158**.

Wo ist die nächste Polizeiwache? **Kde je nejbližší oddělení Veřejné bezpečnosti?**

POST, TELEFON und TELEGRAMM

Postämter (*posta*) sind für Postsendungen, Telegramme, Telex und Telefon zuständig. Briefmarken erhalten Sie auch überall dort, wo Postkarten verkauft werden. Postsendungen innerhalb Europas brauchen 3-5 Tage. Das historische Hauptpostamt in der Jindrisská 14, Prag 1, ist rund um die Uhr geöffnet. Hier stehen immer noch Feder und Tintenfaß bereit – wie damals, als es noch keine Kugelschreiber gab. Für Paketsendungen geht man am besten zum Zollamt, Pošta Praha 121, Plzeňksá 135, Prag 5.

Postlagernde Sendungen. Sie können sich Ihre Post postlagernd oder *poste restante* (Adresse: Poste restante, Jindřišská 14, Prag 1, Tschechische Republik) schicken lassen. Zum Abholen Ihrer Briefe im Hauptpostamt (Schalter 28) dürfen Sie Ihren Paß nicht vergessen.

Telegramme (*telegram*) und **Faxe** können in jedem Postamt und den modernen Hotels aufgegeben werden. Einen **Telexdienst** bieten die Hauptpostämter und die großen Hotels an.

Telefon (*telefon*). Münzfernsprecher finden Sie auf der Straße, in U-Bahn-Stationen (das ist der sicherste Tip für ein funktionierendes Telefon) und an anderen öffentlichen Orten. Für Ferngespräche besorgen Sie sich am besten eine Telefonkarte (*telekarta*).

Die Vorwahl für die Bundesrepublik ist 0049, für Österreich 0043 und für die Schweiz 0041.

Eilbrief	**expres**
Einschreiben	**doporučeně**
Luftpost	**letecky**
Ich möchte ein Telegramm aufgeben.	**Chci poslat telegram.**
Ich möchte eine Briefmarke für diesen Brief/diese Postkarte, bitte.	**Prosím známku na tento dopis/lístek.**

Können Sie mich mit dieser Nummer in… verbinden?	**Můžete mne spojit s tímto telefonním číslem v…?**
Wo ist die nächste Telefonzelle?	**Kde je tady nejbližší telefonní budka?**
Ich möchte nach Deutschland telefonieren.	**Chtěl(a) bych zavolat do Německa.**
Ich möchte ein R-Gespräch.	**Chci aby zaplatilo to volané číslo.**

R

RELIGION

Das Land ist überwiegend katholisch. An den Einfahrtsstraßen finden Sie Zeitpläne der Gottesdienste, die aber nicht in Fremdsprachen abgehalten werden.

S

SPRACHE
(Siehe auch NÜTZLICHE AUSDRÜCKE auf dem Umschlag dieses Reiseführers)

Die Nationalsprache ist Tschechisch. Die am weitesten verbreiteten Fremdsprachen sind Englisch, Deutsch und Russisch. Haben Sie keine Angst, wenn Sie mit den slawischen Sprachen Probleme haben. Mit Deutsch kommen Sie meist recht gut durch: Die meisten Prager scheinen mehr als nur ein paar Brocken Deutsch zu beherrschen, was schon eine große Hilfe sein kann. Sowohl Taxifahrer als auch Kellner sprechen gewöhnlich recht gut Deutsch. Notfalls hilft Ihnen, besonders unter jungen Leuten und in den Touristenlokalen, auch Englisch weiter.

Das tschechische Alphabet hat 33 Buchstaben; *c* und *č* zum Beispiel sind zwei verschiedene Buchstaben. In der folgenden Liste geben wir einige Ausspracheregeln der schwierigsten tschechischen Laute an:

c	wie **z** in **z**u	h	wird immer ausgesprochen
č	wie **tsch** in ru**tsch**en	ň	wie **nj** in So**nj**a
ch	immer wie in a**ch**	ř	wie **rg** in franz. Se**rg**eant
ď	wie **dj** in Na**dj**a	s	immer wie in e**s**
ě	wie **je** in **je**tzt	š	wie **sch** in ra**sch**
ť	wie **tj** in An**tj**e	z	wie **s** in Ro**s**e
v	wie **w** in **w**o	ž	wie **j** in **J**ournal
y	wie **i** in **i**ch		

Die Betonung liegt immer auf der ersten Silbe. Lange Vokale tragen einen Akzent *(á, é)* oder einen Ring (ů).

Sprechen Sie Deutsch?	**Mluvíte německy?**
Ich spreche kein Tschechisch.	**Nemluvím česky.**
Guten Morgen/Guten Tag	**Dobré jitro/Dobré odpoledne**
Guten Abend/Gute Nacht	**Dobrý večer/Dobrou noc**
Bitte/Danke	**Prosím/Děkuji Vám**

TOILETTEN

Öffentliche Toiletten benutzen Sie am besten in Hotels, Restaurants oder U-Bahn-Stationen. Oft weisen Schilder mit der Aufschrift *WC* auf das »Örtchen« hin. Ein Bildsymbol und/oder *muži* oder *páni* steht für Herren, *ženy* oder *dámy* für Damen. Meist muß man 1 oder 2 Kč bezahlen.

Wo sind die Toiletten? **Kde jsou toalety?**

TRINKGELD

Wie in allen Ländern, die mit Touristen zu tun haben, nehmen auch die Tschechen gern ein Trinkgeld an. Hier einige Anhaltspunkte:

Fremdenführer	50 Kč
Friseur	10-15 %
Garderobenpersonal	2 Kč
Hoteldiener	10 Kč (pro Gepäckstück)
Kellner	10-15%
Platzanweiser (Theater)	5-10 Kč
Portier	10 Kč (für Taxiruf)
Taxifahrer	10-15% (Fahrpreis aufrunden)
Zimmermädchen	50 Kč (pro Woche)
Der Rest ist für Sie.	**Ponechte si drobné.**

W

WASSER

Leitungswasser hat in ganz Tschechien Trinkwasserqualität. Mineralwasser, mit und ohne Kohlensäure, erhält man überall; *Dobrá voda* (wörtlich »gutes Wasser«) ist eine der beliebtesten Marken.

Ich möchte eine Flasche Mineralwasser.	**Prosím láhev minerálky.**
mit/ohne Kohlensäure	**sodovku/přírodní minerálku**

WÄSCHEREI und REINIGUNG (*prádelna; čistírna*)

Hotels der gehobenen Preislage bieten einen Wäsche- und Reinigungsservice, doch ist es hier recht kostspielig und zeitaufwendig; gewöhnlich muß die Wäsche vor 12 Uhr mittags abgegeben werden, damit man sie am nächsten Morgen zurückbekommt. Nur in Prag gibt es Wäschereien mit Münzwaschmaschinen, z.B. Laundry Kings, dejvická 16, Prag 6, geöffnet wochentags von 6 bis 23 Uhr und samstags und sonntags von 8 bis 22 Uhr. Zur chemischen Reinigung gehen Sie zu Rychločistírna Daja, V celnici 3, Prag 1, geöffnet wochentags von 7 bis 19 Uhr und samstags von 8 bis 12 Uhr.

Wann ist es fertig?	**Kdy to bude hotovo?**
Ich brauche es bis morgen früh.	**Musím to mít na zítra ráno.**

Z

ZEITUNTERSCHIED

In Tschechien gilt die mitteleuropäische Zeit (MEZ). Achtung: Zwischen Ende März und Ende September werden die Uhren um eine Stunde vorgestellt (Sommerzeit).

ZOLL und PASSFORMALITÄTEN

Inhaber eines deutschen Personalausweises können Ihren Reisepaß zu Hause lassen. Schweizer und österreichische Staatsangehörige brauchen einen Paß. Ein Visum ist für Aufenthalte unter 90 Tagen nicht erforderlich. Da sich diese Vorschriften ändern können, sollten Sie sich vor Ihrer Abreise beim tschechischen Konsulat erkundigen.

Sie dürfen Gegenstände für Ihren persönlichen Gebrauch in die Tschechische Republik einführen; auch Geschenke können in angemessenem Umfang und Wert zollfrei eingeführt werden. Neben den bekannten Importverboten für Drogen und Waffen gibt es keine weiteren Einschränkungen. Waren dürfen nur im Wert bis zu Kč 500 ausgeführt werden. Erkundigen Sie sich im Fremdenbüro oder Konsulat nach den genauen Ein-und Ausfuhrbeschränkungen.

Devisenbeschränkungen. Ausländische Währung kann in beliebiger Höhe in die Tschechische Republik eingeführt werden. Tschechische Währung dagegen darf bei Beträgen über 100 Kč nur mit Genehmigung der Tschechischen Nationalbank ausgeführt werden.

Ich habe nichts zu verzollen.	**Nemám nic k proclení.**
Das ist für meinen persönlichen Verbrauch bestimmt.	**To mám pro osobní potřebu.**

Register

Fettgedruckte Seitenzahlen beziehen sich auf den Haupteintrag, *kursiv*gedruckte auf die Bilder.

Adršpach-Teplice-Felsen 7, 23, 24, **88-9**, 107
Alleinreisende 116
Anreise 116-117
Antiquitäten 102
Architektur 32
Ärztliche Hilfe 117
Autofahren 122-124
Autoverleih 120

Banken 125
Becherovka 51, 114
Behinderte Reisende 120
Beneš, Edvard 21
Beschwerden 121
Bier 10, 46, 55, 113
Böhmerwald *siehe* Šumava
Böhmisches Kristall *101*, 101-2
Böhmisches Paradies *siehe* Český Ráj
Böhmische Schweiz *siehe* České Švýcarsko
Bouzov, Schloß 7, **95**
Bratislava 23, **98-100**, *98*, *99*, 105
  Altes Rathaus 99
  Martinsdom 99
  Michaelstor 99
  Pharmazeutisches Museum 99
  Schloß 100
  SNP-Brücke 100, *100*
  Uhrenmuseum 100
  Unterhaltung 105

Braun, Matthias 86-7
Brno (Brünn) 23, **90-92**, 105
  Hotels 71-2
  Kapuzinerkloster 91
  Krautmarkt 90, *91*
  Mährisches Museum 90
  Restaurants 80
  St. Peter und St. Paul, Dom 90
  Unterhaltung 105

Camping 121
České Budějovice 55-56
  Platz des Ottokar II. Přemysl 56
Český Krumlov 24, **60-62**
  Altstadt 62
  St.-Veits-Kirche 62
  Schloß 60-62, *62*
  Wassersport 107, *107*
Český Ráj 23, **87**, 107
Česky Švýcarsko 81-83, 107
  Spaziergänge 82-83
Cheb *52*, 52

Der brave Soldat Schwejk 9, 11
Diebstahl und Verbrechen 121
Dientzenhofer, Kilian Ignaz 31, 35, 50
Dubček, Alexander 21
Dvořák, Antonín 9, 19

Einkaufsbummel 101-103

Eisenbahn 137
Elbsandsteingebirge 81
Essen und Trinken 109-114

Fahradverleih 122
Feiertage 122
Flughafen 123
Fotografieren 132
Františkovy Lázně (Franzensbad) 7, **53**
Franz Ferdinand 19, 42, 83
Fremdenführer und Touren 124
Fremdenverkehrsämter 133-134
Fundsachen 125

Geldangelegenheiten 125-128
Geographie 5
Geschichte 11-22
Geschichte auf einen Blick 13
Golf 108
Gottwald, Klement 21-22, 33
Groß-Mährisches Reich 13

Habsburger Dynastie 16-19, 23
Hašek, Jaroslav 9
Havel, Václav 9, 22
Hluboká, Schloß *56*, **56-57**
Homosexuellen-Treffs 128
Hotels 65, 121
Hradec Králové 84-85
　Galerie für Moderne Kunst 85
　Heiliggeistkapelle 85
　Žižka-Platz 85
Hřensko 81
Hus, Jan 9, 15, **17**, 23

Jičín 87
Jindřichův Hradec 24, **58-60**
　Rondell 60

Schloß 59-60
Joseph II. 19-20
Jugendherbergen 129-130

Kamenice-Schlucht 82, *82*
Karl IV. 14-15, 33, 40, 48
Karlovy Vary (Karlsbad) 7, 23, 24, **48-51**, *49*, *50*, *101*, 108
　Diana-Aussichtspunkt 51
　Grand Hotel Pupp 50-51
　Maria-Magdalenenkirche 50
　Marktkolonnade 49-50
　Mühlbrunnkolonnade 49
　Parkkolonnade 49
　Sprudelkolonnade 50, *50*
　Stará Louka 50
Karlstein, Burg 7, *14*, 15, **40**
Karten und Pläne 130
Kladruby, Kloster *46*, **47-48**
Klima 130
Kleidung 130
Konopiště, Schloß 7, **41-42**, *42*
Königgrätz *siehe* Hradec Králové
Konsulate und Botschaften 131
Kreditkarten 126
Křivoklát, Burg 41, *41*
Krkonoše 8, **87-88**
　Wintersport 88, 108
Kroměříž 95-96
　Bischofspalast 95
Kuks 86-87, *86*
　Brauns Bethlehem 87
Kunstgewerbliches 102-103
Kutná Hora (Kuttenberg) 43-44
　Welscher Hof 43-44
　St.-Barbara-Kirche 43

Lednice, Schloß 92

Libussa 12, 20
Litoměřice 84, *85*
Loket 51

Maggi da Arogno, Baldassare 58, 92
Mähren 90-97
Mährischer Karst 7, 91-92
Maria Theresia 19-20, 83, 98
Mariánské Lázně (Marienbad) 7, 23, **53-54**, 108
   Mariä-Himmelfahrt-Kirche 54
   Kolonnade 53, *54*
   Kreuzbrunnen 53
   Singende Fontäne 54, *54*
   Stadtmuseum 54
Masaryk, Tomáš 21
Mazocha-Schlucht 92
Medien 128-129
Mezní Louka 81-82
Musik *6*, 103

Nordböhmen 81-84
Nordmähren 94-97
Notfälle 132

Olomouc (Olmütz) 23, **94-96**
   Astronomische Uhr 94, *95*
   Přemysliden-Palast 95
   St.-Wenzels-Dom 95
Öffnungszseiten 134
Ostböhmen 84-89

Pardubice (Pardubitz) 85-86
   Schloß 86
   Steeplechase 86
Ploskovice 84
Plzeň (Pilsen) 10, **45-47**
   Brauereimuseum 46
   Hotels 70
   Pilsner-Urquell-Brauerei 46
   St.-Bartholomäus-Kirche 45-46, *45*
Podiebrad, Georg von 18, 58
Polizei 134
Post 135
Prachower Felsen 87
Prag 8, 16, 19, 24, **25-40**, *104*, *105*, 108, *111*
   Altstadt 33-35
   Altstädter Rathaus 35
   Astronomische Uhr 34
   Burg **25-28**, *27*
   Fenstersturz 17, 19
   Hotels 66-69
   Josefov 36-38, *36*
   Karlsbrücke 15, *23*, 33
   Kleinseite 31-33
   Königsweg 25
   Loreta *7*, 29-30
   Museen und Galerien 39
   Nationalmuseum 38
   Nationaltheater 38
   Neustadt 38
   Öffentliche Verkehrsmittel 132
   Pulverturm 35
   Restaurants 74-79
   St.-Niklas-Kirche (Kleinseite) 31, *31*
   St.-Niklas-Kirche (Altstadt) 35
   St.-Veits-Dom 12, **26-28**
   Staatliches Jüdisches Museum 36, 39
   Sternberg, Palais 29
   Straßenmärkte 101
   Strahov, Kloster 30, *30*
   Tagesausflüge 40-44

Teynkirche 34, *34*
Unterhaltung 103-104
Waldstein-Garten 31
Wenzelslplatz *11*, 22, 38
Přemysliden-Dynastie 12-14
Punkva-Tropfsteinhöhle 92

Rabbi Löw 37
Radfahren 107
Reiseschecks 126
Religion 134
Restaurants 74-80
Riesengebirge *siehe* Krkonoše
Rinta, František 44
Rožmberk-Familie 58, **60**, **61**, 63
Rožmberk nad Vltavou *59*, 64
  Schloß 64
Rožnov pod Radhoštěm 23, 24, 73, **96-97**
Rudolf II. 18-19

Samtene Revolution 22
Santini, Giovanni Battista 47
Schlacht am Weißen Berg 19, 34
Schwarzenberg-Familie 56-57, 58
Sprache 10, **13**
Sedlec-Beinhaus 44, *44*
See Lipno 63
Skifahren 108
Škoda-Werke 45
Smetana, Bedřich 9, 20
Špilberk, Festung 91
Sport 107-108
Straßenschilder 26
Střmen-Gipfel 88
Südböhmen 55-64
Südmähren 90-94
Šumava 7, 23, 55, **62-64**, 107, 108

Tábor **57-58**, *57*
  Hussitenmuseum 58
Taxis 128
Telč 92-93
  Schloß 92-93, *93*
  Zacharias-Platz 92
Telefon 120
Tennis 108
Teplice-Felsen 88-89, *89*
Terezín (Theresienstadt) *20*, 83-84
  Ghetto-Museum 83-84
Toiletten 137
Třeboň 58, 71
Třeboňsko 55
Trinkgeld 138
Trosky, Burgruine 87

Unterhaltung 103-105

Veranstaltungskalender 106
Vranov, Schloß 24, **93-94**
Vyšší Brod 63-64

Währung 130
Walachisches Freilichtmuseum 96-97, *97*
Wandern 81-81, 88-89, 107
Wasser 138
Wassersport 107-108, *107*
Wenzel der Heilige 5, *11*, 12, 13
Westböhmen 45-54

Žižka, Jan 15, 57, *57*, 58
Zeitunterschied 139
Znojmo 94, *113*
Zoll- und Paßformalitäten 121-122

143

Weitere Reiseführer von Berlitz

Afrika
Kenia
Marokko
Südafrika
Tunesien

Australien

Belgien/ Niederlande
Brüssel
Amsterdam

Britische Inseln
Irland
London
Schottland

Deutschland
Berlin
München

Ferner Osten
Bali und Lombok
China
Hong Kong
Indien
Indonesien
Israel
Japan
Jerusalem
Malaysia
Singapur
Sri Lanka
Thailand

Frankreich
Bretagne
Côte d'Azur
Dordogne/Périgord
Euro Disneyland
Frankreich
Paris
Provence

Griechenland
Ägäische Inseln
Athen
Korfu
Kreta
Peloponnes
Rhodos

Italien/Malta
Florenz
Italien
Mailand und die norditalienischen Seen
Neapel/Amalfiküste
Rom
Sizilien
Venedig
Malta

Karibik
Bahamas
Französische Antillen
Jamaika
Kleine Antillen/Südliche Inseln
Kuba

Lateinamerika
Mexiko

Naher Osten
Ägypten
Jerusalem
Zypern

Österreich
Tirol
Wien

Portugal
Algarve
Lissabon
Madeira

Schweiz

Skandinavien
Kopenhagen
Oslo und Bergen
Schweden

Spanien
Barcelona
Costa Blanca
Costa Brava
Costa Dorada und Tarragona
Costa del Sol und Andalusien
Ibiza und Formentera
Kanarische Inseln
Madrid
Mallorca und Menorca
Sevilla

Türkei
Istanbul und die Ägäische Küste
Türkei

Ungarn
Budapest
Ungarn

USA und Kanada
Disneyland und Themenparks in Südkalifornien
Florida
Hawaii
Kalifornien
Los Angeles
Miami
New York
San Francisco
USA
Kanada
Montreal
Walt Disney World und Orlando

Zentraleuropa
Moskau und St. Petersburg
Prag

Große Reiseführer
Frankreich
Griechenland
Großbritannien
Italien
Spanien
Ungarn

019/606